社会主义核心价值观普及读本
（高中版）

主　编　孙守刚

副主编　迟　云

明天出版社

图书在版编目（CIP）数据

社会主义核心价值观普及读本.高中版/孙守刚主编.——济南：明天出版社，2014.4（2017.5重印）
ISBN 978-7-5332-7914-1

Ⅰ.①社… Ⅱ.①孙… Ⅲ.①社会主义建设—价值论—中国—青少年读物 Ⅳ.①D616-49

中国版本图书馆CIP数据核字（2014）第070682号

责任编辑：丁淑文　刘义杰　高方方
美术编辑：赵孟利
插　　图：王洪彦　金　马

社会主义核心价值观普及读本（高中版）

主　编　孙守刚

副主编　迟　云

出版人：傅大伟
出版发行：山东出版传媒股份有限公司
明天出版社
社址：山东省济南市胜利大街39号　邮编：250001
网址：http://www.sdpress.com.cn　http://www.tomorrowpub.com
E-mail：tomorrow@sdpress.com.cn
经销：新华书店
印刷：阳谷毕升印务有限公司
规格：170毫米×240毫米　16开
印张：10.75　　字数：122千
2014年4月第1版　2017年5月第13次印刷
印数：104501-109500
ISBN 978-7-5332-7914-1　　定价：14.00元

如有印装质量问题，请与出版社联系调换。电话：（0531）82098710

本书收入的（部分）文字作品稿酬已委托中国文字著作权协会转付，敬请相关著作权人联系。电话：010-62500729，传真：010-62500854转888，E-mail：wenzhuxie@126.com。

目 录

前言：践行社会主义核心价值观

1. 什么是价值观 ··· 1
2. 什么是核心价值观 ··· 2
3. 什么是社会主义核心价值观 ···································· 3
4. 社会主义核心价值观的作用 ···································· 4
5. 践行社会主义核心价值观人人有责 ·························· 5

一、富强：实现中国梦想

1. 富强是近代以来中国人的共同梦想 ·························· 7
2. 中国特色社会主义是走向富强的必由之路 ··············· 10
3. 改革为国家富强提供不竭的发展动力 ····················· 13
4. "空谈误国，实干兴邦"是经验更是教训 ················· 15

二、民主：同理不同道

1. 民主是人类社会共同的价值理念 ···························· 20
2. 程序民主与实质民主 ··· 22
3. 社会主义民主的核心是人民当家做主 ····················· 24
4. 我们为什么不能搞"三权分立" ····························· 26

三、文明：硬素质支撑软实力

1. 文明是国家发展的标尺……33

2. 文明是社会内涵的优化……37

3. 文明是个人教养的体现……39

4. 为国家、为社会、为自己做一个文明人……41

四、和谐：在包容完善中融合发展

1. 和谐是社会追求的理想发展状态……45

2. 科学发展是构建和谐社会的前提……48

3. 在全面深化改革当中剔除体制、机制弊端……51

4. 改革发展成果要普惠广大人民群众……53

五、自由：在堤岸中行进流淌

1. 追求自由是人类的天性……58

2. 人是生而自由的，却无处不在枷锁之中……61

3. 认清西方自由主义的实质……66

六、平等：共享人生出彩的机会

1. 平等是现代社会的基石……74

2. 不存在绝对的平等……77

3. 国家在制度设计上遵循平等理念……80

4. 能动地创造人生辉煌……84

七、公正：同一片天空同一片土地

1. 公正源于对现实问题纠偏的渴求 ………………………… 88

2. 公正需要社会治理的保障 ………………………………… 92

3. 公正的守卫底线是法律 …………………………………… 96

4. 公平正义是中国特色社会主义的内在要求 ……………… 97

八、法治：当圆则规　当方则矩

1. 法治是人类政治文明的重要成果 ………………………… 101

2. 法律的权威在于实施 ……………………………………… 103

3. 让人民群众在每一个案件之中都感受到公平正义 ……… 107

九、爱国：位卑未敢忘忧国

1. 爱国是所有民族的最高情感表达 ………………………… 111

2. 爱国要对我们的基本国情有正确的认知 ………………… 114

3. 爱国既要分享成果，又要包容担当 ……………………… 122

4. 爱国蕴含在理性的行动中 ………………………………… 125

十、敬业：利人利己的职业操守

1. 敬业是一种积极的谋生态度 ……………………………… 128

2. 敬业要体现在日常的工作中 ……………………………… 131

3. 敬业要树立精品意识 ……………………………………… 134

十一、诚信：经营中的人生智慧

1. 诚是社会交往的一把密钥 ………………………………… 138

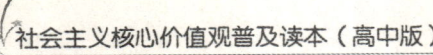

2. 人无信不立、国无信不昌 ………………………………… 142

3. 把诚信提升到人生智慧的高度来养成 …………………… 145

十二、友善：赠人玫瑰　手有余香

1. 涵养友善之心 ………………………………………………… 148

2. 友善之言三冬暖 ……………………………………………… 151

3. 点点滴滴做善行 ……………………………………………… 154

参考文献

后记

前 言

践行社会主义核心价值观

1.什么是价值观

我们在生活中都有喜怒哀乐，这是我们的情感表达方式。为什么会这样呢？因为有些人和事让我们高兴快乐，有些人和事让我们生气悲伤。什么样的人和事让我们愉悦，什么样的人和事让我们烦恼，我们都会做出自己的判断。

比方说生活中什么是真善美，什么是假恶丑；我们应当提倡什么、追求什么，远离什么、反对什么；哪些事值得我们认真思考、积极参与，哪些事需要理性应对、有取有舍。人们对周围的人和事物的这些看法、态度和判断标准，就是我们通常所说的价值观。从形式上看，我们平常所说的思想、理想和观念、信念、信仰等，都属于价值观的范畴。

你知道蚂蚁王国、蜜蜂世界的秘密吗？它们虽然居住空间狭小、家族成员繁多，但每个家族的内部组织结构严密，生活秩序井然，一直被人们所称道，给人类社会以深刻的启示。如果有一天我们能够与它们沟通交流，或许我们会惊奇地发现它们有着自己的道德和法律、有着自己判断是非美丑的观念和标准。要不，它们靠什么维持有条不紊的生活，保证每个成员尽职尽责兢兢业业的劳动呢？

人类社会作为一个整体，是由不同的人、不同的群体组成的。一个社会要保持稳定和发展，除了法律制度的规范和道德的约束之外，还需要价值观念的引领和导航。

2.什么是核心价值观

在不同地域、不同国家，由于历史文化传统不一样，社会发展程度不一样，人们的社会心态就不一样，价值观就会表现出很大的差异性。即使在同一地域、同一国家，由于人们的社会地位、文化程度等等不一样，分析问题的角度和理解问题的能力也就会不一样，对一些人和事物的价值判断就会有所区别。所以，为了社会的稳定和发展，任何一个国家，任何一个时代，任何一个社会，不仅要有自己的价值观念，更要形成自己的核心价值观念。

不同的价值观对社会的引导效果是不一样的。不好的价值观容易导致人们行为的自私自利，结果往往既损人又害己，对社会有很大的破坏性。好的价值观能使人们遵纪守法、诚实守信、爱岗敬业、文明友善，汇聚起向上向善的正能量。为了社会的稳定和发展，任何一个国家，任何一个时代，任何一个社会，都希望形成自己的好的价值观。这个在当时社会被认为好的价值观，就是全社会大多数人认可的核心价值观。

试想一下，如果社会没有一个相对共同的思想基础和价值追求，现实社会中的人们，失去了理想信仰，评定标准混乱，内心没有约束，行为没有顾忌，社会会是一种什么状态呢？

核心价值观是一个国家和民族价值观中最本质、最具决定作用的部分，它应当既被执政者所倡导，也应当切合广大民众的利益诉求。

核心价值观只有被广大的民众所认可、所践行，才真正具有意义。核心价值观能够相对地统一思想，凝聚人心，成为推动一个国家发展的强大软实力。

世界上各个国家都十分重视核心价值观的建设。现在的国际竞争，既是经济、科技、军事等硬实力的竞争，更是以核心价值观为灵魂的文化软实力的竞争。美国总统奥巴马在第二任期的就职演说中，把"美国精神"誉为引领美国前进的"恒星"，号召每个公民都要"为捍卫悠久的价值观和持久的理想发声"。美国还将自己的价值观标榜成"普世价值"，强加于别国，推行价值观霸权。俄罗斯的普京重新当上总统后，就提出"俄罗斯民族不能迷失自己"，并且在总统办公厅成立专门机构，主管整个国家的爱国主义教育，防止出现"价值危机"。

3.什么是社会主义核心价值观

2013年12月，中共中央办公厅印发的《关于培育和践行社会主义核心价值观的意见》，明确"富强、民主、文明、和谐，自由、平等、公正、法治，爱国、敬业、诚信、友善"为社会主义核心价值观的基本内容。社会主义核心价值观，面向国家富强、民族振兴、人民幸福的未来，与我国传统文化当中的优秀基因相承接，与中国特色社会主义基本国情相适应，与人类文明优秀成果相融合，是当代中国建设和发展的行动指南。

"富强、民主、文明、和谐"，是社会主义核心价值观在国家发展层面的价值目标，明确了我国将走什么样的道路，为什么目标而奋斗。

"自由、平等、公正、法治"，是社会主义核心价值观在社会发展层面的价值取向，指明了我们要建设一个什么样的社会，这样的社会应该坚持什么样的理念。

"爱国、敬业、诚信、友善"，是社会主义核心价值观在个人层面所应遵循的价值准则，明确了我们要培养什么样的公民，这样的公民应当具有怎样的理想追求。

4. 社会主义核心价值观的作用

社会主义核心价值观经历了一个长期培育、凝炼的过程，是在长期的社会实践中选择、检验而加以明确的，既体现了共产党人的政治抱负和社会责任，又反映了人民群众的利益期盼和发展愿景。社会主义核心价值观为当代中国社会塑造出了一个充满凝聚力的价值内核、树立了一个明朗清晰的共同理想、描绘了一个枝繁叶茂的精神家园。

社会主义核心价值观，体现了中国特色社会主义制度在思想和精神层面的本质要求。有什么样的价值观念，就有什么样的实践行动。在社会主义核心价值观的引领下，13亿中国人心往一处想，劲往一处使，必定能汇聚起实现中华民族伟大复兴中国梦的磅礴力量。

我们提倡践行社会主义核心价值观，有着鲜明的现实针对性。近些年来，经济社会快速发展，人们的物质生活条件得到极大改善。但是，在一些领域也出现了价值迷失和道德失范的现象：一些人为了一己之私，往往置国家和集体利益于不顾；一些人缺乏文明素养，违背社会公德的现象时有发生；一些人法治观念淡薄，热衷权钱交易；一些人不讲诚信原则，逐利不择手段；一些人缺少友善之心，在道义面前躲避退缩，甚至冷漠无情……这些问题的存在，虽然不是社会的基本面，但不加以治理，将对我们社会的稳定和发展产生不可估量的消极影响。

当前，我国思想道德建设领域的主流是好的，人们的文明素养也在随着社会的发展而不断提高。"当代雷锋"郭明义、"时代楷模"朱彦夫、"农民育种专家"李登海、"金牌工人"许振超、"致富领路人"王乐义、"泰山鸿雁"宋宪臣、"人民法官"宋鱼水……扎根于民间沃土的先进人物层出不穷；"最美女教师"张丽莉、"最美女孩"刁娜、"最美司机"吴斌、"最美乡村医生"邓前堆、"最美法官"厉莉、"最美妈妈"吴菊萍……社会涌现出的"最美"好人如雨后春笋。他们的内心充盈着善良，他们的感人事迹让我们敬仰，他们用自己的言行滤清着社会风尚，他们为社会主义核心价值观的建设做出了自己的贡献，为当代中国树立了思想道德的楷模和价值追求的榜样。

5.践行社会主义核心价值观人人有责

有的人会说，践行社会主义核心价值观离自己很远，不是自己的事情。这是因为他们忘记了自己是社会的一员，应当承担一份义务和责任。践行社会主义核心价值观，是整个社会的价值追求，更是一个人加强人生修养、完善自我品格的智慧选择。核心价值观表现为向上向善的社会风尚，但它反映的却是社会成员个人知识的丰富、道德的养成、责任的担当、内心的强大，体现的是做人处事的自信和尊严。

在现实中，我们很少会遇上惊天动地的事情，大都过着平常而又充实的日子。生活中需要阳光雨露，也需要有力的肩膀和坚强的脊梁。我们不应该把向善向上的本性尘封起来，把建设美好社会、美好生活的责任寄托于他人。其实，真善美离我们很近，它就在日常的生活当中，就在你我的举手之间：公交车上给老人让座；公共场合不随地吐痰、不大声喧哗；过马路时遵守交通秩序；升国旗时立正行礼；人与人之间相互友善谦让……只要从一点一滴做起，勿以恶小而为之，勿以善小而不为，我们就会成为这个时代有责任心的人；只要从现在做起，从脚下起步，关键时候就会顶得上，我们都可以成为"最美"的人。

实现全面建成小康社会的伟大目标，需要推动全面深化改革，也需要在全社会形成自觉抵制假恶丑、倡导真善美的良好社会氛围。培育和践行社会主义核心价值观是我们国家凝神聚气、强基固本的基础工程。只要我们积极倡导，人人践行，我们的国家就会富强，我们的民族就会振兴，我们的人民就会幸福。

一、富强：实现中国梦想

2013年3月17日，习近平总书记在十二届全国人民代表大会一次会议上指出："实现中华民族伟大复兴，是近代以来中国人民最伟大的梦想，我们称之为'中国梦'，基本内涵是实现国家富强、民族振兴、人民幸福。"

国家富强、民族振兴、人民幸福的中国梦，生动形象地表达了全体中国人民的共同理想追求。实现这一梦想，必须要坚持走中国特色社会主义道路，坚持改革开放，实干兴邦。

1. 富强是近代以来中国人的共同梦想

中国在人类社会发展史上曾经长期处于领先地位，但进入近代以后，中华民族蒙受了百年的外族入侵和内部战争，中国人民遭遇了极大的灾难和痛苦。1840年鸦片战争以后，西方列强用坚船利炮打开了中国的大门，掀起了对中国的疯狂侵略、掠夺和瓜分，中国一步步沦为半殖民地半封建社会。据统计，1840年至清朝灭亡的70多年间，中国被资本主义列强攫取了150多万平方公里的领土。如果算上清亡后由外国势力与内部分裂势力相勾结策动外蒙古独立而丧失的领土，共有300多万平方公里领土丧失。1931—1945年，日本帝国主义发动的血腥侵华战争，给中国造成了深重灾难，更导致社会千疮百孔，人民饱尝磨难。

为了争取民族独立和人民解放，实现国家富强和人民幸福，一批又一批仁人志士进行了艰辛努力和不懈探索。以张之洞等为代表的洋务派主张"中学为体，西学为用"，强调引进西方的先进技术"以夷制夷"，试图在不变更清王朝封建皇权的前提下走强国之路，结果只能是失败的，人们称之为洋务梦的破灭。以康有为、梁启超为代表的改良派，试图"跪着造反"，实行维新变法，在中国建立君主立宪式的资本主义，结果同样是失败的，人们称之为改良梦的破灭。孙中山领导的辛亥革命，推翻了两千多年的封建帝制，拉开了中国民主革命的序幕。但由于中国民族资产阶级自身的软弱、妥协和对帝国主义、封建主义的依赖性，不能也不敢充分发动和依靠广大人民群众，中国仍然在黑暗中徘徊。

1921年，中国共产党诞生，肩负起实现中华民族伟大复兴的神圣使命，团结带领全国各族人民经过28年艰苦卓绝的斗争，完成了民族独立和人民解放的历史任务，建立了中华人民共和国。新中国成立之后，中国人民在中国共产党的领导下，以前所未有的主人翁姿态和高涨的创造热情投入社会主义

> 在一个半殖民地的、半封建的、分裂的中国里，要想发展工业，建设国防，福利人民，求得国家的富强，多少年来多少人做过这种梦，但是一概幻灭了。
> ——毛泽东

一、富强：实现中国梦想

改造和国家建设之中，开始了在社会主义道路上实现中华民族伟大复兴的历史征程。

改革开放以来，中国共产党带领人民群众不断总结历史经验，不断艰辛探索，终于找到了实现中华民族伟大复兴的正确道路，这就是中国特色社会主义道路。经过30多年的发展建设，中国彻底改变了经济社会比较落后的状况，逐步走向繁荣、富裕、强大，呈现出一片朝气蓬勃、欣欣向荣的景象，散发着无穷的魅力，中华民族伟大复兴展现出前所未有的光明前景。

现在的中国，比历史上任何时期都更接近中华民族伟大复兴的目标，比历史上任何时期都更有信心、有能力实现这个目标。鸦片战争以来170多年的"中国梦"，在今天比以往任何时候都更加清晰、更加现实。谈到中华民族伟大复兴中国梦的实现日期，习总书记的话铿锵有力："我坚信，到中国共产党成立100年时全面建成小康社会的目标一定能实现，到新中国成立100年时建成富强民主文明和谐的社会主义现代化国家的目标一定能实现，中华民族伟大复兴的梦想一定能实现。"

万众瞩目"中国梦"，是因为它凝聚了中国几代人的夙愿和期盼。"中国梦"既是对百年来中华民族奋斗历史的渴望和追寻的概括，也是当下中国人对未来的期许；既是对中国人共同命运中凝聚的感情和力量的表达，也是对普通人个人的希望和追求的表达。习总书记关于"中国梦"的深情阐述，再度引起了中华民族对自身光荣、责任、使命的热切关注，激发了中华儿女走向伟大复兴新的自觉。

2. 中国特色社会主义是走向富强的必由之路

梦想连接未来，道路决定命运。没有正确的道路，就无法汇集方方面面的力量，美好的梦想也就无法实现。近百年来，中国共产党紧紧依靠人民群众，把马克思主义基本原理同中国实际和时代特征结合起来，历经千辛万苦，取得了新民主主义革命、社会主义建设和改革的伟大胜利，开创和发展了中国特色社会主义的理论和实践，从根本上改变了中国人民和中华民族的命运。中国特色社会主义是走向富强的必由之路。

我们不妨从历史的发展轨迹当中去考察一下。

历史上，中国的经济社会发展，曾长期大幅度领先于世界。封建帝国在相当一个时期可以说是万国来朝，被世界各国所羡慕。

然而，到了清代晚期及民国时期，中国饱经内乱和世界列强侵略，民族被分裂，十分之一的国土被割让，给经济带来了灾难性的后果。1820年至1952年间，世界GDP总量提高了八倍以上，而中国GDP从占世界总量的三分之一下降到二十分之一，人均GDP低于1820年前的水平，132年间不但没有发展，反而倒退了。

新中国成立时，工农业总产值只有466亿元，人均国民收入为66.1元；重工业占工农业总产值比重仅为7.9%，农业和轻工业比重占92.1%，其中轻工业比重也很小，而且多是落后的手工业。国力极为虚弱。

一、富强：实现中国梦想

新中国成立初期，中国开始谱写"超英赶美"的历史新篇。但当年由于主客观原因造成的国际孤立，阻碍了经济的有效增长，中国被隔离在日益繁荣的世界经济之外。

1978年，中国实行改革开放，树立起逐步融入世界文明潮流的里程碑。走中国特色社会主义道路，我们获得了自近代以来从未有过的长期快速稳定发展：1979年到2012年，我国国内生产总值年均增长9.8%，大大超过了同期世界经济2.8%的增速。1978年我国经济总量只有3645亿元，到2013年达到568845亿元。我国经济总量居世界的位置，1978年是第10位，2010年就超过了日本，成为世界第2位。我国经济总量占世界的份额由1978年的1.8%，提高到2012年的11.5%。

我国在20世纪90年代中期，就走出了曾令所有社会主义国家棘手的物资短缺的困境。我国不仅解决了自己国内的商品供应，还把中国建成了世界制造业基地。现在，我们的商品遍布天下，全世界几乎每个地方都能找到"中国制造"。我们开展的创新型国家建设也成效显著，载人航天、探月工程、载人深潜、超级计算机、高速铁路等均实现重大突破。2013年4月6日晚举行的博鳌亚洲论坛年会上，比尔·盖茨表示，中国30年来6亿人口脱贫，中国粮食生产率每年上升2.6%，农民收入翻15倍，是了不起的奇迹。

走中国特色社会主义道路，我国社会主义制度的优势得到进一步发挥，社会主义制度更加巩固。我们成功实现了从高度集中的计划经济体制到充满活力的社会主义市场经济体制、从封闭半封闭到全方位开放的伟大转折，极大地调

动和激发了人民群众中蕴藏的创造活力，大大积聚和释放了全社会的发展能量。我们成功地进行了经济基础和上层建筑领域的深刻变革，建立起具有中国特色的社会主义经济、政治、文化体制，为社会主义的巩固和发展奠定了坚实的制度保障。我们经受住了20世纪80年代末90年代初国内严重政治风波以及国际上东欧剧变、苏联解体的严峻考验，战胜了来自政治、经济、社会等领域以及来自自然界的各种困难和挑战，展示出应对各种风险和挑战的强大力量。我们成功举办北京奥运会、残奥会和上海世博会，夺取了抗击汶川特大地震等严重自然灾害和灾后恢复重建的重大胜利，妥善处理了一系列重大突发事件，沉着应对国际金融危机冲击，在全球率先实现经济平稳回升，彰显了中国特色社会主义的巨大优越性和强大生命力。

中国特色社会主义道路，不但得到了中国人民的高度认同，而且受到世界各国越来越广泛的关注。一位美国学者说："中国令人震惊的经济增长史无前例，中国以独特的方式在政治、经济、文化等各领域改变了世界。"2004年5月，英国著名思想库伦敦外交政策研究中心发表了《北京共识：提供新模式》的研究报告，认为中国通过艰苦努力、主动创新和大胆实践，探索出一种适合本国国情的发展模式。这种模式不仅适合中国，也是其他发展中国家仿效的榜样。"历史终结论"的提出者、美国学者法兰西斯·福山，面对国际社会发展的现实，也不得不修正自己的观点。他说："客观事实证明，西方自由民主可能并非人

> 我们坚定不移高举中国特色社会主义伟大旗帜，既不走封闭僵化的老路、也不走改旗易帜的邪路。
> ——摘自党的十八大报告

一、富强：实现中国梦想

类历史进化的终点，随着中国持续崛起，人类思想宝库需为中国留有一席之地。"

事实充分证明，中国特色社会主义是植根于中国大地，符合中国国情的，具有强大生命力的社会主义。中国特色社会主义描绘了中国人民美好生活的蓝图，展现了中华民族伟大复兴的光明前景和科学路径。只有坚持走中国特色社会主义道路，才能发展中国、造福人民、振兴中华。

3.改革为国家富强提供不竭的发展动力

1978年，当中国刚刚实行改革开放的时候，美国《时代》杂志曾经质疑说："他们的目标几乎不可能按期实现，甚至不可能实现。"2008年，当中国改革开放30年取得的伟大成就震惊世界，当北京奥运会成功举办之时，《时代》杂志又发表文章说："当奥运会主火炬点燃时，世界见证了一个确凿无误的事实。中国回来了——在荣誉的光环下。"这个荣誉光环的取得，凝结了亿万中华儿女的汗水和心血，印证了一个翻天覆地的伟大时代变革。

改革是我国的历史性抉择。经过文化大革命的十年浩劫，我国的国民经济处于崩溃的边缘。当时的中国与世界其他国家差距巨大：1978年中国人均GDP低于印度，只有日本的1/20，美国的1/30。科技发展水平落后于发达国家40年左右，落后于韩国、巴西等发展中国家20年左右。西德一个年产5000万吨褐煤的露天煤矿只用2000名工人，而中国生产同样数量的煤炭需要16万名工人，人均产出相差80倍；法国马赛索尔梅尔钢厂年产350万吨钢只需7000名工人，而中国武钢年产钢230万吨，却需要6.7万名工人，相差14.5倍。站在十字路口的中国，面临着历史性的抉择：到底是继续僵化思维、固守老套，被世界浪潮所淹没；还是解放思想、实事求是，突破观念和体制的障碍，实行改革开放，融入世界发展的大潮流？1978年，党的十一届三中全会，给中国这艘巨轮指明了前进的方向。这次会议做出了把党和国家的工作重心转到经济建设上来、实行改革开放的伟大抉择，实现了新中国成立以来我党历史上具有深远意义的伟大转折，开启了我国改革开放的历史新时期。

改革是我国取得巨大成就的重要法宝。30多年的改革开放，变革之深、影响之广前所未有，成就举世瞩目。我国初步实现了发达国家上百年才能取得的成就，社会主义市场经济蓬勃发展，社会活力竞相迸发，创造源泉充分涌流，经济实力、综合国力、人民生活水平都迈上了新台阶，中国人民的面貌、社会主义中国的面貌发生了历史性变化。特别是当中国这艘巨轮驶入21世纪，"超越"开始成为中国经济总量增长的一个关键词：2006年，GDP首次超过了英国，位居世界第四；2007年，超过德国，位居世界第三；2010年，又赶超了日本，成为全球第二大经济体。这场历史上从未有过的大变革，使中华民族大踏步赶上时代前进潮流，迎来伟大复兴的光明前景，社会主义中国巍然屹立在世界东方。

改革是解决当前我国发展面临的一系列重大问题，继续保持经济社会持续健康发展的必由路径和手段。当前，我国进入全面建成小康社会的决定性阶段和深化改革开放、加快转变经济发展方式的攻坚时期，深层次矛盾浮出水面，棘手问题日益凸显，这些问题需要全面深化改革才能逐步解决。正如邓小平曾经深刻指出的："发展起来以后的问题不比不发展时少。"这些问题，绝不是因为改革开放造成的，恰恰说明有些改革还不到位，有些措施落实不够。改革开放中遇到的矛盾只能用深化改革的办法去化解，发展中出现的问题只能靠科学发展去解决。

"逆水行舟，不进则退。"习近平总书记提出，实践发展永无止境，解放思想永无止境，改革开放也永无止境，停顿和倒退没有出路。他强调，必须坚持社会主义市场经济的改革方向，坚持对外开放的基本国策，以更大的政治勇气和智慧，不失时机深化重要领域改革。要敢于啃硬骨头，敢于涉险滩，既勇于冲破思想观念的障碍，又勇于突破利益固化的藩篱，做到改革不停顿，开放不止步。

改革是当代中国发展进步的活力之源，为国家富强提供不竭的发展动力。面对前进道路上的矛盾和困难，我们必须以更大的勇气和智慧，不失时机深化改革，冲破思想观念上的束缚，攻克体制机制上的顽瘴痼疾，突破利益固化的藩篱，进一步解放思想、解放和发展社会生产力、解放和增强社会活力，通过卓有成效的改革，推动中国经济社会取得新的更大的成就。

4. "空谈误国，实干兴邦"是经验更是教训

中华民族是世界上唯一的文明不曾断裂、文化不断延续、民族精神得以传承的民族。纵观中国历朝历代，实干则兴，空谈则败。正是实干兴邦的理念支撑着、推动着国家的不断发展和文明的持续前行，汇聚成了中华民族深厚的精神积淀。

实干兴邦是华夏文明在历史发展中不断进取，实现国家繁荣的重要经验。汉文帝"务农先籍，布德偃兵。除帑削谤，政简刑清"，加之整个社会"吏安其官，民乐其业，蓄积岁增，户口增殖"，汉初才出现了"文景之治"。唐太宗"每一思政理，或三更方寝"，再加上"官吏多自清谨"、百姓安居乐业，唐朝才有了"贞观之治"。正是由于统治者励精图治，做出了实干表率，同时依靠广大民众的辛勤劳动，才出现了中国古代社会少有的国家经济繁荣、人民生活安定、文化影响深远、民族自信心坚定的兴盛时期。

> 青春的光辉，理想的钥匙，生命的意义，乃至人类的生存和发展……全包含在这两个字之中，那就是"奋斗"！只有奋斗，才能治愈过去的创伤；只有奋斗，才是我们民族的希望和光明所在。
> ——马克思

新中国成立后，面对一穷二白的困难局面，我们之所以能够顺利完成土地改革和三大改造，迅速恢复国民经济，靠的就是毛泽东反复要求的"认真实干"的精神。他强调"一件事不做则已，做则必做到底，做到最后胜利"。上世纪70年代末，党中央提出了改革开放的构想，但是出现了很多理论上的争议，对此，邓小平创造性地提出改革要"摸着石头过河"，先通过实践来对改革进行摸索，通过实干得出的结论来树立各级政府和人民对改革的信心，如果说没有力排众议的实干为先导的话，我们的改革进程可能会陷于泛泛的空谈。1992年，邓小平在南巡过程中更是明确地指出"发展才是硬道理……空谈误国，实干兴邦！"正是在邓小平一次次不断强调实干兴邦的过程中，正是在我们党团结带领人民通过实践，不断探索"建设什么样的社会主义，怎样建设社会主义"

一、富强：实现中国梦想

的伟大进程中，形成了中国特色社会主义理论，完善了中国特色社会主义制度。在中国特色社会主义理论的指引下，我们不仅实现了经济总量的大幅度增长，也让全国人民摆脱贫困，逐步迈向小康。

从中国历史来看，空谈误国更是我们必须汲取的历史教训。战国时期的赵括，只会"纸上谈兵"，以致40万赵军全军覆没，赵国从此一蹶不振直至灭亡。东晋时期，整个社会风气和政治风气都崇尚空谈，"虚谈废务，浮文妨要"，各种政治学说层出不穷，但是均未经过实践检验，这些空谈而来的理论不仅没有指引国家走向繁荣，反而导致社会空谈成风，生产凋敝，战争频发，国家积弱，民不聊生。

新中国成立以来，我们也有过空谈误国的教训。上世纪的文革时期，由于对社会主要矛盾认识不清，群团组织丛生，内部山头很多，各种派系之间争论、攻击不休，整个社会思想混乱，导致正常的经济秩序受到冲击，政治活动无法展开，民主和法制受到破坏，教育和人才培养体系瘫痪，社会阶层的流动出现阻碍，国民经济陷入崩溃的边缘，使党、国家和人民遭到新中国成立以来最严重的挫折和损失。教训带血，犹在眼前。前车之鉴，当倍加思量。

发展，是中国当代社会的时代主题。科学发展，是解决中国所有问题的关键。中国的改革发展现在正处在一个关键的时期。党的十八大报告指出："综观国际国内大势，我国发展仍处于可以大有作为的重要战略机遇期。……我们要准确判断重要战略机遇期内涵和条件的变化，全面把握机遇，沉着应对挑战，赢得主动，赢得优势，赢得未来，确保到2020年实现全面建成小康社会宏伟目标。"实干兴邦，是实现发展的态度选择和行为方式。

从整个国际形势看，商品、资本、技术、人才的全球性流动增强，中国作为全球新的经济增长引擎，与其他国家之间的经济联系将愈加密切，参与和制定国际规则的能力在增强，在地区和全球性问题上也将发挥更重要的作用。但是，在国际发展格局中，"中国威胁论"也甚嚣尘上，特别是随着中国在东亚影响力的增强，美国国家战略回归亚太，在政治、经济和军事等领域对中国进行遏制，从外部对我们的发展施加的压力增大。国际经济领域，美国继续坚持量化宽松政策，并且开始"回归制造业"，给中国经济发展带来了资金和竞争力方面的冲击。金融危机影响继续，全球经济复苏乏力，跨国贸易不断萎缩，将影响中国出口导向型经济的发展。

从国内来看，经过30多年的改革，我们取得了举世瞩目的辉煌成就。可以说，现在，我们比历史上任何时期都更接近中华民族伟大复兴的目标。但是在改革开放进程中，也出现了一些与主流发展不相适应的新情况、新问题。

经济发展领域，依然存在着产业结构不合理，经济可持续发展的后劲不强，地区间发展不均衡，城乡发展差距和居民收入分配差距较大等等问题。社会民生领域，教育、就业、社会保障、医疗、住房、生态环境、食品药品安全、安全生产、城市管理、依法行政等关系群众切身利益的问题较多，人民内部矛盾凸显，群体性事件易发多发，阶层固化、利益固化加剧，社会正常流动受阻，导致很多人对我们的改革提出了质疑。马斯洛的需求层次理论认为，人在社会发展过程中，希望依次满足的是生理、安全、社交、尊重、自我实现的需求，这些不同层次的需求代表了社会前行过程中人的自我追求的提升，也表明了人们对社会进步程度的预期。

面对机遇和风险并存的战略机遇期，我们要珍惜并抓住和平发展的机遇，通过扩大内需、调整经济结构、大力发展服务业和新兴产业的方式实现经济的继续增长。我们也要勇于迎接挑战，通过更加开放的

一、富强：实现中国梦想

态度、更加负责的姿态参与到国际事务中，在世界范围的和平发展中贡献出中华民族的智慧，凸显中国在人类社会发展道路选择上的优势。

要创造新的时代辉煌，实现中国在更高层次上的发展，实现富强中国的伟大梦想，必须在全社会倡导实干兴邦理念、形成实干兴邦风尚。

1. 思考一下中国梦与自己的关系，自己为实现中国梦应该尽哪些责任呢？

2. "改革为国家富强提供不竭的发展动力"对这句话你是怎么理解的？

3. 历史上实干兴邦的事例不胜枚举，你都知道哪些？对我们的社会主义现代化建设有什么启示？

二、民主：同理不同道

2014年2月下旬，乌克兰发生大规模民众示威游行活动，总统亚努科维奇流亡国外，各地区要求独立和自治的呼声此起彼伏，克里米亚已经自行宣告独立并加入俄罗斯联邦。作为"橙色革命"后，被美国誉为"样板"的乌克兰，不但民主政体出现了危机，国家也走到了濒临分裂与动荡的边缘。

追求民主是当今人类社会的共同价值理念。由于经济社会状况不同，文化传统不一样，国民的文化素质和文化心态不一样，不同国家的人们对于民主的理解是有差异的。在不同的国家实现民主的道路选择也是不同的。只有真正符合自己国情的民主，才能真正起到保障人民权利、维护国家统一的作用。

1. 民主是人类社会共同的价值理念

人类自结成社会，组成国家社会共同体的那天起，就开始不断追问一个问题：我们的国家应当由谁来做主？历史给出的答案是，国家的权利属于人民，人民应该管理国家的经济事务、政治事务和社会事

二、民主：同理不同道

务，即实行民主政治。

现在我们所说的民主一般说来包含两方面内容：从个人层面上讲它是一种权利，就是大家的事情大家办，自己当家做主；从国家层面上讲它是一种制度，就是按照平等和少数服从多数原则来共同管理国家事务。

西方民主起源于古希腊。英文民主democracy源于古希腊文demokratia，由demos（平民）及kratos（统治）两个词组合而成，意为"平民的统治"。古希腊实行公民直接治理国家的模式，被誉为现代民主的起源。西方的民主即民做主，坚持的是民权政治思想。但是在古希腊之后，随着欧洲大陆奴隶制和封建制度的兴替以及宗教势力的强大，民主制度销声匿迹了上千年。直到资产阶级登上历史舞台，民主才成为反对封建专制集权，号召人们起来反抗压迫的武器。之后，荷、英、美、法等国家相继爆发革命，建立起了现代意义上的资本主义制度。

在中国传统文化中，民主即为民做主。"民主"一词最早见于《尚书》："天惟时求民主"，"诞作民主"。在这里，民主即"民之主"，就是管理人民的君主；用作动词，则是为民做主。我国古代思想家还提出了"以民为本"、"立君为民"的政治理念，主张君主应当代表和服务人民的利益，做民之向导，形成了中国特色的民本政治思想。19世纪末，现代民主政治理念传入中国，如何建立西式的民主国家，成为一些有识之士寻求救亡图存之路的共同选择。历经戊戌变法、立宪运动、辛亥革命，中华民国的成立标志着中国建立起了民主体制。但好景不长，袁世凯窃取了辛亥革命的胜利果实，复辟帝制。之后的北洋军阀和国民党政权虽然打着民主的旗号，但搞的却是独裁统治。直到新中国成立，民主政治体制才在中国真正开花结果。

尽管民主这个词在中国和在西方有着不同的内涵，但是民主一词却寄托了人们对理想国家和理想生活方式的共同向往。数千年来，经过世界各国的共同努力，民主正在由少数政体变成多数政体，从特殊政体成为常规政体。这里面凝结着人类的希望，体现了社会发展的趋势。因此，民主并不专属于西方，而是全世界在漫长的历史过程中共同形成的文明成果，属于全人类的共同财富，是人类共同的价值追求。

在民主的认识问题上，我们一定要避免一个误区，即我们谈论民主问题时，似乎只有西方才有民主，而东方没有民主，更没有中国的社会主义民主。事实并非如此。现代意义上的民主确实源于西方，而且西方对民主的探索和贡献确实多些，但这里只存在一个孰先孰后的问题，而不存在孰有孰无的问题。从民主的起源和发展来看，它归根结底是社会经济政治发展的必然产物。中国社会主义的民主，随着经济社会的发展和改革开放的深入，内容不断丰富，制度日益完善，愈来愈显示出其优越性。

2. 程序民主与实质民主

民主虽然是共同的价值追求，但是人们对如何实现民主却有不同界定。西方主流话语一般把民主界定为"程序民主"，曾经有美国学者不容置疑地说："实行民主，就要采用一人一票的竞选，否则就不是民主国家。"

程序民主已经在西方主要发达国家形成了共识，并具备了一套相应的选举程序，形成了一整套保证选举过程公开、公正的规则，成为约束权力运行、增强政府认同的有效机制。正因为如此，一些人希望中国能够借鉴、甚至移植这一理念和制度。

　　事实真的是如我们所想象的那样么？实际上，在西方一些国家，民主已经被简化为竞选程序，竞选程序又被简化为政治营销，政治营销又被等同于拼资源、拼谋略、拼演艺表演。以美国为例，美国选举中看到最多的就是铺天盖地的广告、一味讨好选民的许诺和绝非常人可以想象的昂贵费用。根据公开数据，2012年的总统竞选中，奥巴马花费8.3亿美元，罗姆尼花费7.7亿美元。如果将所有候选人、政党、政治组织和利益集团在国会选举和总统选举中的花费加和，2012年美国大选花费将近60亿美元。

　　简化了的"程序民主"，又造成许多荒谬情况的发生。在德国，通过民主投票选出了希特勒。掌权后的希特勒彻底地剥夺自由和人权，取消民主与共和，破坏法治和传统，实行独裁和恐怖政策，给世界人民带来了深重灾难。在冰岛，人们投票选出了哈尔德政府，但是由于这个政府治国无方，最终带领国家走向了破产。在美国，肯尼迪家族、布什家族、里根家族、克林顿家族等就是通过这种简化了的"程序民主"，在政治舞台上你方唱罢我登场。

　　仅仅有程序民主不行，关键是要看能不能实现实质民主。瑞士日内瓦大学亚洲研究中心高级研究员、复旦大学特聘教授张维为认为，比较理想的民主应该是"实质民主"和"程序民主"的结合，并且首先是"实质民主"，即体现民主的内容及其所要服务的价值。民主的内容就是要体现人民的意愿，民主的价值就是在于实现国家良好的治理和人民高品质的生活，而民主的程序和形式则应该由各国根据自己的民情和国情来探索。

　　我国的人民代表大会制度、政治协商制度、区域自治制度和基层群众自治制度，在很大程度上实现了程序民主和实质民主的结合。

以人民代表大会为例。我国宪法明文规定：国家的一切权力属于人民。但13亿人民群众不可能直接管理国家，必须通过一定的形式来正确行使自己的权力。人民通过普遍选举产生具有代表性的人大代表，人大代表了解和吸收人民的意见和要求，通过人民代表大会把这些意见和要求集中起来，使之上升为法律、法规，并通过人民代表大会选举产生的各级政府去贯彻落实。人民代表大会制度既充分反映了广大人民的意愿，又保障了人民当家做主的权力。

我国宪法中还规定，各级人民政府由本级人民代表大会选举产生。人民代表大会与政府不是相互掣肘、相互拆台，而是合理分工、协调一致地工作，能集中人民的意志和力量办大事。正如邓小平所说，我们"没有那么多相互牵扯，议而不决，决而不行，就这个范围来说，我们的效率是高的，我讲的是总的效率"。

从实践层面来看，我国的人民代表大会制度也为政府工作的迅速展开提供了强大政治保障。美国《纽约时报》曾经把2008年中国政府应对四川汶川大地震和2005年美国政府应对卡特琳娜飓风做了对比，认为中国政府在应对自然灾害、恢复生产、稳定社会秩序方面的表现，充分显示了中国体制的优越性。事实也是如此，当美国卡特琳娜飓风的部分受害者还无家可归的时候，中国的地震灾民已经搬进了政府统一建造的楼房。

3. 社会主义民主的核心是人民当家做主

社会主义民主的核心就是人民当家做主，一方面体现在人民是国

二、民主：同理不同道

家和社会的主人，另一方面体现在人民大众对自身的事务和国家事务当家做主。

在旧中国，广大劳动人民深受帝国主义、封建主义和官僚资本主义的压迫和奴役，没有民主可言。

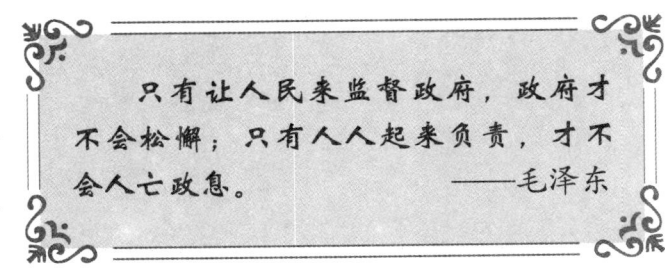

只有让人民来监督政府，政府才不会松懈；只有人人起来负责，才不会人亡政息。
——毛泽东

中国共产党领导人民经过艰苦的斗争，推翻了"三座大山"，建立了中华人民共和国，从此，人民民主专政取代了国民党的独裁统治，社会主义制度取代了极少数人压迫和剥削广大劳动人民的不合理的政治制度。国家机器、生产资料和社会财富回归到人民手中。人民从此翻身解放，实现了当家做主人的愿望。

新中国成立60多年来，中国共产党带领中国人民不断探索，建立并完善了人民代表大会制度等，通过这些制度来体现和保障人民当家做主的地位。

人民代表大会制度具有广泛的代表性，可以使得各地区、各阶层、各民族、各方面群众都能参与到国家政治生活中来，参与到管理国家事务，管理经济和文化事业，管理社会事务中来。以第十二届全国人大代表为例，共2987名代表中，少数民族代表409名，归国华侨代表35名，农民工代表31名，妇女代表699名，非公有经济代表人数达225名，香港特别行政区代表36名，澳门特别行政区代表12名，台湾省代表13名。

人民代表大会的运行方式，有效地保障了人民真正行使当家做主的民主权利。依照人大制度的运作规则，由人民选出的人大代表，在人代会开会期间，代表人民选举国家机关领导人，代表人民讨论决定国家重大事项；在人代会闭会期间，人大代表则以参加视察、执法检查以及提出批评、意见、建议等方式，代表人民行使监督权。

人民代表大会与其他国家机关的关系，也体现了我国人民当家做主的地位。在我国，国家行政机关、审判机关、检察机关都是由作为国家权力机关的人民代表大会产生。人民代表大会制定的法律、做出的决定，政府、检察院、法院必须依法执行；人民代表大会代表人民对政府、检察院、法院工作进行民主监督。

加强法治政府、服务型政府建设一直是各政府机关自身建设的重点。为了促进各级政府工作职能的转变，除了通过人民代表大会，人民群众还可以通过舆论监督、民主评议、给政府机关投诉、打政府热线电话表达诉求等方式对政府工作提出批评、建议。广大人民群众还可以通过社会听证制度，直接参与政府决策方案的拟定和修改，行使管理社会公共事务的权力。比如，近些年在一些城市召开的居民用水价格听证会、居民用电价格听证会、公路春运价格听证会等，这一尊重民意的民主决策制度，正越来越频繁地进入到百姓生活之中。

4. 我们为什么不能搞"三权分立"

"三权分立"是指在西方一些资本主义国家，如英国、法国、美国等，立法权、行政权、司法权分别由议会、内阁（或总统）和法院掌握，三种权力相互独立、相互制衡。这种模式，一定程度避免了权力的独揽和滥用，保证了政治体制的良性运转，较原来的封建专制体制有很大的进步。

在现实生活中，特别是在一些青年人中，经常是言必称西方，认为西方的政治制度就是灵丹妙药。西方的"三权分立"才是真正的

"民主"形式,因此,极力主张中国照搬西方的政治制度模式,实行"三权分立"。

"三权分立"并没有想象的那么完善。

以"三权分立"最为典型的美国为例:美国国会掌握着"钱袋子",政府每花一分钱,都要由国会批准和授权。这就导致国会和政府之间相互推诿扯皮的现象时有发生。2013年9月,民主、共和两党在医改问题上发生分歧,以奥巴马为代表的民主党力推美国医疗保险改革,但却没有得到共和党掌握的参议院的通过,结果预算案没有通过审议,美国联邦政府也因为两党的争执陷入"政治瘫痪"而关门。有统计表明,从1977年到2013年,由于二者的争执扯皮,美国联邦政府已经关门18次之多。邓小平曾经对美国的"三权分立"有经典的论断:"我经常批评美国当权者,说他们实际上有三个政府。当然,美国资产阶级对外用这一手来对付其他国家,但对内自己也打架,造成了麻烦。"

美国是实行资产阶级两党制的典型国家。自19世纪60年代以来,民主党和共和党在美国轮流执政,从未有过例外。为了角逐总统宝座,两党之争也就时常上演,被人们称为驴象之争。美国现任总统奥巴马来自民主党。而由参议院和众议院组成的美国国会,则由共和党掌控,这就造成总统奥巴马的很多政令由于党派之争而无法真正实施。

"三权分立"在政治实践中也很难得到落实,并逐步演化成为利益集团之间的权力分配。在美国3亿人口中,民间有枪支2.5亿支。2012年,美国接连发生了的3起枪击案:奥克兰校园枪击案、科罗拉多

"世纪电影院"枪击案和康涅狄格州校园枪击案，伤亡人数之多震惊世界。有统计表明，过去10年，美国每年有3万多人死于枪支暴力。2013年1月，美国总统奥巴马公布了23条与控枪有关的措施，但却遭到国会的反对，难以通过实行。在这场博弈中，美国的军火利益集团到处游说，阻止控枪法案的通过。《华盛顿邮报》评论称，华盛顿似乎变成一个原始的没有领导的村寨，把任性胡闹当作治理方法。这无疑是"三权分立"制度的软肋。

知识链接

美国政治学教授托马斯·戴伊和哈蒙·齐格勒在《民主的嘲讽》一书中，把美国的民主描述为"精英民主"，即治理美国的是精英，不是民众。这些精英阶级大多出自富裕、受过良好教育、声望卓著、名流、白人盎格鲁-撒克逊、新教徒等等社会集团。他们出生于上层阶级，在工业、商业、金融、教育、军事、交通、市政、法律等社会团体中占有或控制着比其他人多得多的资源。在戴伊和齐格勒看来，美国各种权力机构的背后，政治生活的各个角落，经济上占统治地位的垄断财团的巨手在操纵着一切，它既决定着现今的美国社会政策和政府构成，也决定着劳动人民的命运，即使是美国总统，也只能在这个体制范围内运用权力。

"三权分立"并不是包治百病的良药。

不同国家有不同的国情，简单地移植西方的民主政治制度，就像用一副药来治疗百病一样，是不可能的。

印度和中国，是世界上两个最大的发展中国家，一个是1947年获得独立，一个是1949年建立新中国，起点几乎相同，印度稍高。建国

时的印度，被认为接收了殖民宗主国英国留下的民主、法治及行政体系等优势资产。在接下来几十年的发展过程中，印度虽然也经历了几次战争，但总体上比中国走的弯路要少很多。中国进入改革开放时代之后，印度和中国的差距迅速拉大。据印度媒体分析，经济发展上，印度比中国落后10年，社会发展上，则落后30年。2012年，印度国内生产总值为1.8万亿美元，仅相当于中国2002年的水平。这种差距背后，我们看到的是印度"三权分立"的民主体制并没有支撑起经济的高速发展。2014年是印度的大选年。4月15日，印度媒体曝出了"印度大选沦为买票肮脏游戏"的丑闻，印度选举监督官已经没收了创纪录的3600万美元现金，这些钱都是用来收买选民，支付超过花费上限的选举费用的。媒体预测，这场选举预计将耗资50亿美元，仅次于美国大选。

埃及曾被称为中东地区推进民主进程的成功典范，但仅仅一年的时间就发生了戏剧性变化。2013年7月3日，埃及局势突变，穆尔西总统黯然下台。过去一年，简单的民主移植给埃及带来的是：主要经济指标的持续下滑，经济增速放缓到2%，通胀率超过10%，失业率高达31%，外汇储备急剧缩水，民众生活水平严重下滑。迷茫、失望、不满情绪不断积累，最终以令人始料未及的方式集中爆发。

即便是"三权分立"的西方主要国家，其具体的运作形式也是不一样的。比如，美国是典型的"三权分立"国家，行政权、立法权、司法权三权并立，总统掌握最高行政权。英国却是典型的议会制，立法权和行政权并不是分离的，议会掌握立法，并选举产生英国的首相。其他的国家如法国、日本、意大利、西班牙等也都没有实行美国式的"三权分立"。因此，"三权分立"也不是完全一样的，并不存在所谓的"普世"的民主体制。

一个国家实行什么样的民主政治制度，关键是看适不适合自己的

国情。

　　如果把国家治理比作一项绿化工程，绿化是目的，而选择栽种什么树，只是手段和方法。河边生长的柳树在春风的吹拂下婀娜多姿、美丽动人，但如果把它移植到山上，过不了多久柳树就会夭折。要想让柳树在山顶存活，就要付出很大的代价，要通过铺管道，加压力，才能把水引到山上。栽柳树不是目的，只是为了绿化而选择的树种。在山上栽上一片松树，容易成活，又能达到绿化的目的，为什么不呢？同样，实现民主如果是目的，它的途径和手段也不是单一的，更不是排他性的。在当前，一些人或由于认识水平所限，或别有用心，极力攻击国情论，说什么国情要适应真理，要用真理改造国情，实质上是陷入了唯心主义的误区，犯了盲目迷信西方宪政的教条主义的错误。他们把"三权分立"当作了真理，就好比要在山顶栽种一棵柳树。这棵"柳树"，在西方的土壤上可能会生机勃勃，但是并不适合中国的国情。中国有自己独特的经济文化发展状况，有自己独特的历史文化传统和国民心态，人民代表大会制度就好比是松树，更适合在中国的土壤中生存。

> "鞋子合不合脚，自己穿了才知道。"一个国家的发展道路合不合适，只有这个国家的人民才最有发言权。
> ——习近平

　　从中国历史的传统来看，中国人目光比较远大，思维方式更注重整体效果，历来把国家长治久安、国运昌盛放在一个极为突出的地位，这就决定了中国一直以来实行的是统一的中央政权模式。从中国现实的国情来看，近代以来西方国家的侵略、掠夺，使得我们国家积贫积弱，人民生活困苦，因此凝心聚力、发展经济，成为建国以来我们国家发展的主旋律。这就需要一个高效的、能够凝心聚力的政府，来带领全体人民共谋发展。而人民代表大会制度，正是在全体人民根本利益一致的基础上合理分工、协调一致、互相监督的工作制度，保证了政府工作的迅速、协同、高效。"鞋子合不合脚，自己穿了才知道。"中国过去几十年的发展历程已经证明，我国的民主制度是符合中国国情、注重实效的政治制度。

我们要民主，但不要民主迷信。我们要民主，要的是程序民主和实质民主相统一的民主。退一步讲，西方民主即使在西方是适合的，其也经历了一个发育完善的过程。英国若从1688年"光荣革命"确立政体算起，直到1948年才实现普选权，历经260年之久，到2000年才有了首位直选的伦敦市长，历经312年之久；美国若从1776年宣布独立算起，直到1965年才实现普选权，历经189年之久；法国若从1789年推翻旧王朝算起，直到1946年才实现普选权，也历经157年之久。我们国家是从半封建半殖民地的基础上建立起来的，搞社会主义建设也才60多年。我们走中国特色的社会主义民主道路，国家治理取得了巨大成绩。虽然在现实生活当中还存在着一些问题和不足，但随着社会的发展，我们的民主制度建设不断规范完善，已经呈现出巨大的优越性，我们没有理由怀疑自己的政治体制。

"三权分立"可能是适合西方一些国家国情的好东西，但不能照搬照抄。上个世纪末、本世纪初，复制照搬西方民主制度模式的国家，比如俄罗斯、乌克兰，还有格鲁吉亚、吉尔吉斯斯坦等，国内政治、经济发展都遭遇了瓶颈，影响了国计民生，可以说都不成功，有一些教训还是很深刻的。在现有的基础上，既不走封闭僵化的老路，也不走改旗易帜的邪路，不断坚持和完善中国特色的社会主义政治制度，坚定道路自信、理论自信、制度自信，才是符合我国国情的根本制度选择。

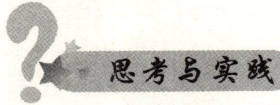 思考与实践

1. 你是怎样看待美国的"三权分立"制度的?

2. 你了解我国的人民代表大会制度的优势吗?你能列举出哪些?

3. 你怎么理解"人民代表大会制度是程序民主与实质民主的统一"?

三、文明：硬素质支撑软实力

　　在现代汉语中，文明是一个具有多重涵义的词语，总的来说它是指一种进步状态，与"野蛮"一词相对应。从国家层面来讲，文明是指国家创造的物质财富与精神财富的总和。我们熟悉的物质文明、精神文明、政治文明、社会文明、生态文明等，都包含于国家发展的状态之中。从社会层面来讲，文明是社会秩序的确立、社会机制的进步和社会风尚的优化。从个人层面来讲，文明就是人的教养和进步状态。

　　文明是国家发展的标尺，文明是社会内涵的优化，文明是个人教养的体现。时代呼唤文明，让我们共同努力，不断提升文明素养，为国家、为社会、为自己做一个文明人。

1. 文明是国家发展的标尺

　　文明指的是一种进步状态。"文明"虽然是一个不可量化的"名词"，但它的确是衡量一个国家发展程度的标尺。

　　一个国家发展兴衰的历史，也是一个国家文明兴衰的历史。

> 中华文明经历了5000多年历史变迁，但始终一脉相承，积淀着中华民族最深层次的精神追求，代表着中华民族独特的精神标识，为中华民族生生不息、发展壮大提供了丰厚滋养。
>
> ——习近平

翻开历史的长卷，中国是世界四大文明古国之一，曾经长期居于世界上最为强盛的位置。从公元元年到18世纪，中国经济占世界经济总量的比重未曾低于20%，长期位居世界前列。中华民族璀璨的文明之花也在这一时期绚丽绽放，并以其优越性不断向外输出：中国的造纸术、火药、印刷术、指南针四大发明带动了世界变革，推动了欧洲文艺复兴；中国哲学、文学、医药、丝绸、瓷器、茶叶等传入西方，汇入西方民众日常生活之中……这一切，无不对世界文明做出了突出贡献，产生了重大影响。

近代以来，随着中国封建社会的日渐没落和西方列强的野蛮入侵，国家、民族陷入危难，文明发展遭遇了从未有过的危机，由过去的"东学西渐"转变为"西学东渐"。"贫穷而野蛮"、"落后而停滞"、"道德低俗"一度成为西方对于中国社会及人民文明水准的评价。

改革开放30多年来，在中国共产党的领导下，中国经济获得了史无前例的显著发展，创造了经济腾飞的奇迹，成为了世界第二大经济体。随着综合国力的提升，科技水平、文化交流、国民素质等众多方面也有了显著的提升，世界开始为之瞩目。张维为教授称"中国作为一个'文明型大国'正在崛起"。

一个国家的文明程度，也影响着一个国家的发展程度。

文明能够产生深刻的认同感、吸引力，形成强大的国家凝聚力。

三、文明：硬素质支撑软实力

文明是维系国民精神的纽带，是国民血脉气质传承的基因，是国民心灵深处的道德、文化印记。黄皮肤、黑眼睛是我们体貌的外在特征，炎黄子孙、同根同族则是中华文明镶嵌在我们内心的血脉认同。正是怀着对国家的眷恋与思念，土尔扈特部不远万里回到了祖国的怀抱；正是怀着回馈家乡的梦想，无数学有所成的仁人志士归国干事创业，成为推动国家发展的重要力量。五千年的文明史，为中华民族的发展壮大提供了强大的精神力量。

文明展现了一个国家的软实力。西方一些国家极力向外输出自己的民主、自由、平等、人权等价值理念，标榜自己的文明代表了世界发展的潮流，具有普世价值，如宗教原教旨主义一样明显地暴露出狭隘的排他性。关于中国文明，张维为教授是这样描述的："中国的崛起不是一个普通国家的崛起，而是一个五千年连绵不断的伟大文明的复兴，是一个人类历史上闻所未闻的超大规模的'文明型国家'崛起。这种'文明型国家'有能力汲取其他文明的一切长处而不失去自我，并对世界文明做出原创性的贡献，因为它本身就是不断产生新坐标的内源性主体文明。"

当今世界大国的竞争，是经济实力的竞争，更是文明的竞争。经过多年追赶，我们终于可以在世界俱乐部与强国"坐在一起喝咖啡"了。

中国产业向世界进发。中国的改革开放推动了工业和制造业的发展进程。过去的十几年，中国制造业成为全球出口冠军，制造业实力不断上升，无论是轻纺工业还是重化工业，都有了长足的发展。"Made in China"（中国制造）的产品在世界各地随处可见，广受欢迎。众多的、丰富的"中国制造"，在输出使用价值的同时，附加的文明价值也以润物无声的方式得到传播。

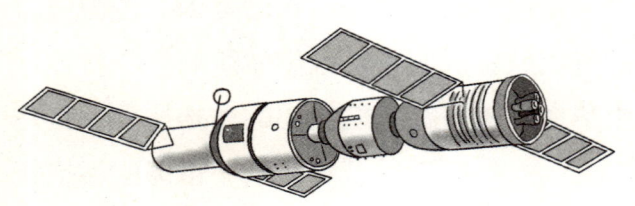

中国整体科技发展水平已经处于发展中国家前列，一些科研领域已经达到国际先进水平。中国的航天航海事业发展突飞猛进，有目共睹。2012年6月24日，"蛟龙号"深海载人潜水器在马里亚纳海沟成功突破7000米深度，创造了世界同类潜水器的最大下潜深度。目前拥有6000米以上深度载人潜水器的国家包括中国、美国、日本、法国和俄罗斯。除中国外，其他四国的载人潜水器最大工作深度均未超过6500米，经常下潜深度也不过5000米。

中国与世界的联系日益紧密，对外交流频繁。截至2011年7月9日，中国已与172个（其中两个是准主权国家）国家建立外交关系。2013年，内地居民出境人数达到9000多万人次，而英国人口也不过6000多万，可以说"凡有井水处，皆能闻汉语"。

中国文化也逐步走向世界，被世界所认同、接受，文化影响力不断增强。2004年全球第一所孔子学院在韩国首都首尔挂牌。截止2013年12月，中国与各国学校合作，已在全球建立了430多所孔子学院和640多个中小学孔子课堂。其中美国是数量最多的国家，建立了98所孔子学院和350多个孔子课堂，有力地推动了中美人文交流与合作，受到所在大学和社区的广泛欢迎。

中国的经济实力增强、科技水平上升、文化事业发展……众多方面取得的显著成绩，让世界刮目相看，我们倍感自豪。但是，在世界大的发展格局中去比较，我们还存在着许许多多的不足。其他国家、其他民族拥有的一些文明成果、文明素养值得我们认真地反思和学习。仅以国民日常行为素质为例，我们存在的差距就很大。部分走出国门的游客，

三、文明：硬素质支撑软实力

将自身一些不文明的行为带了出去，如在公共场所大声喧哗，在旅游景区乱刻乱画、随地吐痰，过马路时不讲秩序乱闯红灯等，不仅降低了个人的文明素质，同时也影响了我们国家的文明形象。

发展无限度，文明无止境。作为一个正在崛起的大国，中国不仅需要硬实力的发展，更需要软实力的配合，尤其是在制度、思想观念等文明建设方面需要有所创新。党的十八届三中全会做出了全面深化改革的决定，就是要通过改革来剔除发展过程中遇到的体制、机制性弊端，优化、强化制度建设，为我国的经济社会发展创造良好的环境，不断满足人们日益增长的物质文化需求，最终达到提升国家软实力、国民硬素质的目的。相信随着中国经济社会不断发展，中华文明也必将顺应时代发展焕发出更加蓬勃的生命力。

知识链接

软实力，是"Soft Power"的中文译名，最早由美国哈佛大学教授约瑟夫·奈尔提出，是同国家军事、经济力量等组成的"硬实力"相对应的概念。软实力指的是能够影响他国行为的精神力量，主要包含文化的感染力、价值观的感召力和政治制度的吸引力等软要素。文化软实力在当今综合国力竞争中的作用越来越明显。

2. 文明是社会内涵的优化

一个人有一个人的道德修养，一个城市有一个城市的精神风貌，一个社会有一个社会的内涵品质。一个社会的内涵是由一个社会的政治体制、经济制度、法律法规、社会风气、道德环境等内在特质所构成的。文明建设就是一个提高社会治理水平，内涵不断优化的过程。

在伟大变革的历史进程中，追寻平等、公正、理想、道德、进步，仍然是我们这个社会的主旋律。过去五年，社会保障体系建设全面推进，建立了新型农村社会养老保险和城镇居民社会养老保险制度，城乡居民基本养老保险实现了制度全覆盖，各项养老保险参保达到7.9亿人。企业退休人员基本养老金从2004年人均每月700元提高到现在的1721元。我国居民收入分配秩序日益规范，通过调节过高收入，清理规范隐性收入，取缔非法收入，增加低收入者收入，扩大中等收入者比重，努力缩小城乡、区域、行业收入分配差距，逐步形成橄榄型分配格局。除此之外，教育、医疗、就业、住房等社会事业改革也不断推进，实现发展成果更多更公平地惠及全体人民。社会事业的快速发展，为社会文明的进步提供了基础条件。

随着社会的发展变革，人与人之间、人与社会之间的联系日益密切，人们获取信息的渠道更加广泛，人们的思想观念也不断更新，思想道德素质不断提高，总体上推动了社会的文明进步。横看成岭侧成峰，远近高低各不同。我们国家幅员辽阔，人口众多，各地区、各行业在经济、文化、社会等方面的发展情况存在着客观的不平衡，文明素养在某些领域、某些人身上的表现也存在很大的差异。社会生活中的"地沟油问题"、"毒奶粉事件"、"小悦悦事件"、"扶老人被讹事件"等现象；虚拟世界中的"灌水"、"删帖"、"网络水军"等问题；公共场所中的大声喧哗、违规拍照、违禁吸烟、随地弃物、随地吐痰等陋习，这些都在给予我们提醒与警示：我们的社会在取得巨大成绩的同时，也在一些地方、一些领域出现了道德滑坡、文明缺失等问题，亟需通过提升文明素养来弥补和修复。缺少了文明的支撑，人们的精神家园就会荒芜，社会的建设和发展必然受到损害。

富裕起来的中国应该更加坚定理想信念、加强文明建设、净化社

三、文明：硬素质支撑软实力

会风气、优化社会环境。文明建设不可能一蹴而就，需要持之以恒、一点一滴的努力，更需要全社会各方面的大力弘扬。政府部门应着力完善法律法规和各种规章制度，为规范社会秩序、加强文明建设提供制度保障；党员干部要带头加强道德修养，履行职业规范，践行社会公德，增强政治信用，做道德建设的表率；学校应加强对未成年人的思想道德教育，培养和造就千千万万具有高尚思想品质和良好道德修养的合格建设者和接班人……只有在社会中形成齐抓共管促文明、人人行动讲文明的良好风气，社会文明之花才会遍地开放。

3. 文明是个人教养的体现

"文明"一词在中华文明最早的典籍《周易》中已多次出现，《周易》有"内文明而外柔顺"、"天下文明"等记载。《尚书·舜典》称赞舜"濬哲文明"，就是指舜非常谦恭，品德高尚，很受人爱戴。在中国人的思想意识中，文明历来是指个人和社会的人文修养，特别是指个人的德性修养所达到的程度及境界。西方的"文明"一词包含有脱离野蛮的开化之意。所以，文明有形容人端庄优雅、有教养的意思。

文明是谦恭有礼，是内在德行的外在表现，体现为人生态度、思维方式、处事原则、修养气质和精神风度。人的外貌可以不漂亮，但是人的内心一定要干净、温暖、美丽。世上很少有人因为长得美丽而受人尊重，相反，会因为身体之外的某些能力和成就，更多是因为内心的高尚而赢得人们的尊重与爱戴。正如一位哲人所说："那些明智的和有礼貌的人们，他们特别谦虚谨慎，从不装腔作势、装模作样、夸夸其谈、招摇过市，他们正是通过自己的行为而不是言语来证实自己的内在品性。"文明是一个健全的人所必须具备的基本素质，它本身就是一门综合的大学问。注重自身修养，讲究文明，做到品行兼优，是有抱负、有远见、高情商的人提升自己的智慧选择。

能否做到文明有礼，在一定情况下能够决定一个人的成败。有这样一个故事：一个妈妈好不容易把孩子培养成了学习上的佼佼者，惟一不足的是，孩子从小就不修边幅，但是，这并不妨碍妈妈为他而自豪。孩子顺利地通过高考，进入大学；大学毕业，顺利地通过了到国外留学的申请。办理签证的时候，意外发生了。在办理签证的等候区，当听到自己的名字，孩子和妈妈都非常激动。孩子站起身的那一刻，不自觉地咳了一声，同时往墙角快速地吐了一口痰。这个细小的动作被使馆细心的秘书小姐看到并告知了审核官。结果不言而喻，孩子没有得到签证，因为他刚才的行为丧失了一个文明人最起码的修养。事实向我们证明，一个人如果连最基本的文明素养也不具备，尽管仪表堂堂，经纶满腹，也只能是个有缺陷的人。

文明是一种思想境界，体现在日常的行为之中。2005年底，大午集团董事长孙大午到蒙牛集团顾问李汶香家中做客，主人要求客人穿鞋套，客人认为这是对自己的侮辱。因为鞋套问题，两个生意伙伴争执反目。随后，孙董事长在自己公司发起了一场"如何待客"的文明礼仪大讨论。这就是火热一时的"鞋套事件"。一起门里门外的争论，实际上显示出了主、客双方的文明素养问

三、文明：硬素质支撑软实力

题。对于主人来讲，让客人换鞋套其实是一件不太合适的事，请别人来做客，应该坚持宾客至上，尊重宾客的选择。而对于客人来讲，到别人家里做客应有主动更换鞋子或者穿戴鞋套的意识。如果双方都能文明有礼，体谅对方，相互尊重，那"鞋套事件"就不会发生了。这也告诉我们，文明是一个人的内在品质和道德教养，它体现在社会生活的方方面面，显示着人生的智慧，关系着个人的形象。文明素养，不是装出来的，是好的思维方式、好的处事习惯涵养出来的。文明的理念，要内化于心，外化于行，自然地散发出芳香与光彩。

4. 为国家、为社会、为自己做一个文明人

曾经看到这样一个随笔故事：一位游客随旅游团到国外旅游，在下榻的酒店吃早餐，发现周围静悄悄的，感到很奇怪。一打听，原来因为中国人吃饭时喜欢呼朋唤友，吵吵嚷嚷，甚至有个别人吃自助餐时贪图小便宜，顺手牵羊向外捎带食品，外国人非常讨厌。结果酒店为了多招揽生意，把中国人就餐时间和外国人错开了。这个故事告诉我们，我们平时习以为常的事情，不认为是问题的小事情，在其他国家的人看来却是极让人反感的不文明行为，而且这种行为方式已经影响到了我们国家和民族的形象。这个故事也给我们以启示，养成文明行为，要从小事做起，要从点滴积累。为了我们的国家，为了我们的社会，为了我们自己，大家都要做一个文明人。

做一个文明人，就要做到不断地提升自身的文明素养。文明素养的提升并非一朝一夕的事情，需要我们长期的修炼。提升文明素养要有自主意识和自觉行动。

要全面、理性、科学地认识社会，正确地判断发展变革着的形

势，树立健康的价值观，端正人生态度，找准自己在社会中的坐标位置，以积极乐观向上的姿态设计生活，面对人生。这是提升文明素养的一个前提。如何看待当下的社会变革形势，是以积极的态度看待，还是以消极的态度看待；是以阳光的心态看待，还是以阴暗的心态看待，不同的态度就会有不同的结果。

提升文明素养，既有利于社会，更有利于自己。文明素养的表现形式是可感的，但它的实质是内在的，是定位的准确、知识的丰富、智慧的养成、内心的强大等等内涵性的东西。文明素养达到一定的程度，我们在这个社会就有了处事的力量和技巧。有一种酒叫舍得酒，被称为中国的智慧酒，为什么？因为酒的名字宣示了一个道理，有舍才有得，有耕耘才有收获，有付出才有回报。明白这个道理就是智慧，就是素养。修炼自己，提升自己，就是丰富自己，让自己的智慧增强，能力增强，从而在社会上卡住一个好位置，生活幸福，受人尊重。

要坚守"己所不欲，勿施于人"的道德底线，做一个不让人讨厌的人。任何人，都不能自己一个人活在这世界上。所以，只有让别人生存，自己才能生存；让别人活得好，自己才活得更好。希望所有的人都活得好，甚至为了别人的生存放弃自己的利益，这是"境界"。不妨碍别人的生活，不侵犯别人的利益，不破坏社会的环境，这是"底线"。其中，通过立法程序明文规定下来的，是"法律底线"；在社会生活中约定俗成，大家都共同遵守的，是"道德底线"。境界不一定人人都有或要有，底线却不能旦夕缺失。因为底线是基础，是根本，是不能再退的最后一道防线。

要有是非曲直概念，遵纪守法，公道正派，坚持原则，担当责任，做一个正派人。要做到明辨是非，不被名利所诱惑，时刻树立大局意识，责任意识，对社会和身边的一些事，做到自己心中有数，不随波逐流。要学会做一个明白人，明白就是在顾全自己时不损害别人和社会的利益，明白就是在成全别人、造福社会时能保全自己，明白就是在成全别人、造福社会时甘于牺牲自己的利益，甚至奉献自己的生命。

文明素养的内涵非常丰富，要提升文明素养，不是一朝一夕的事情。英国有个说法，大意是培养一个百万富翁，需要几年甚至是几十年的时间，而培养一个贵族，则需要几代人的努力。在这里，贵族不是贬义词，贵不等于富，贵主要是指精神的高贵，在一定意义上它是文明素养的代名词，它与公道正派、遵纪守法、担当责任、宽容善良等内涵相通。提升文明素养不可能速成，它需要一个多方面的、长期的修炼养成过程。

在文明素养的养成上，除了传承我们中华民族的优秀文明成果，我们还要有开阔的胸襟和气度，敢于、善于学习借鉴其他民族的优秀品格。

比如，我们要学习犹太人的团结精神和学习态度。犹太民族团结互助的观念很强，他们深刻地认识到只有民族团结、自立自强，才能掌握自己民族的命运，因此他们对于自己的同胞总会不遗余力地给予帮助。对于犹太人来说，学习是一种神圣的使命。有一种说法，说世界上人均阅读量最多的非犹太民族莫属。他们认为，肯学习的人比知识丰富的人更伟大。只要是活着，犹太人总是不停地学习。

> 社会主义要赢得与资本主义相比较的优势，就必须大胆吸收和借鉴人类社会创造的一切文明成果。
> ——邓小平

我们要学习德国人的严谨务实。德国人非常严谨,这是举世公认的,他们在大的方面遵纪守法、小的方面循规蹈矩,待人做事理性认真。实事求是、一丝不苟的工作态度已经渗入德国人的血液里,他们一旦开始工作,就像一架精密运转的仪器,严格冷峻,决不降低标准、糊弄应付。正是凭借这样严谨务实的作风,德国企业才能创造出众多的驰名世界的品牌。

我们要学习日本人的秩序和勤奋。凡是到过日本的人,都会对日本人严格遵守秩序留下深刻印象。各种排队井然有序,行人之间谦恭有礼,垃圾分类严格规范,电动扶梯上站立者与急于前行者左右分开……日本人对工作有着特殊的感情,他们的勤劳精神在世界各国中是出了名的。无论是工人还是农民,管理者还是家庭主妇,一丝不苟、勤奋工作可以说是他们共同具有的优秀品格和传统美德。

我们还要学习美国人的开拓创新。《世界新闻报》曾经报道说,在美国,是否有创造力是评价一个员工的重要标准。一般大公司每周都给员工4至6小时用来创新。而在一些人的家里,车库成了实验室,里面有各种机器设备,用来搞发明创造。欧洲商业管理学院的一项研究结果显示,美国是全球最有创新能力的国家。

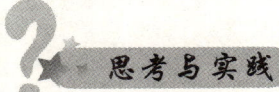

1. 你见过哪些公共场所的不文明行为?
2. 如何理解富不等于贵,做一个有责任敢担当、公道正派的人?
3. 为什么说文明素养的养成是一个多方面的、长期的历练过程?

四、和谐：在包容完善中融合发展

和谐是什么？有人曾经这样形象地解释："和"字的左边是"禾"，它可以单独成字，意思是农田里的苗；右边是个"口"字，即人人都有饭吃；"谐"字的左边是"言"（讠）旁，右边是个"皆"字，表达的意思是人人都可以说话。因此"和谐=人人都有饭吃+人人都能说话"。这种形象的解释虽然不是很严谨，但也有一定道理。

那么和谐到底是什么呢？和谐是人与自然的相伴相生，和谐是人内心的平衡与宁静，和谐是人与人的和睦相处，和谐是国家与国家之间的和平共处。和谐社会是一种稳定、有序、和顺、融洽的社会状态和社会理想，全体人民各尽其能、各得其所而又和谐相处。

1. 和谐是社会追求的理想发展状态

在源远流长的人类社会中，人人平等、生活美好、社会和谐的理想社会，一直是人们永恒的希冀和追求。

我国历史上曾经有过许多关于和谐社会的理念和设想。孔子倡导"和为贵"。在儒家典籍《礼记·礼运》中描绘了一个理想的社会：

"大道之行也,天下为公。选贤与能,讲信修睦。故人不独亲其亲,不独子其子。使老有所终,壮有所用,幼有所长,矜寡孤独废疾者,皆有所养。男有分,女有归。货,恶其弃与地也,不必藏于己。力,恶其不出于身也,不必为己。是故谋闭而不兴,盗窃乱贼而不作,故外户而不闭,是为大同。"描绘的是一个各尽其能,各得其所,讲诚信、修和睦、安定有序的和谐社会;老子指出"万物负阴而抱阳,冲气以为和";墨子提出了"兼相爱"、"爱无差等"的理想社会方案;孟子描绘了"老吾老以及人之老,幼吾幼以及人之幼"的社会状态。近代以来,人们对和谐社会的状态有了更加明确、更加清晰的描述。太平天国运动的领袖洪秀全提出了要建立起"有田同耕,有饭同食,有衣同穿,有钱同使,无处不均匀,无人不饱暖"的理想社会;维新派代表康有为提出要建立一个"人人相亲,人人平等,天下为公"的美好社会;民主革命先行者孙中山更是提出要创立"人能尽其才,地能尽其利,物能尽其用,货能畅其流"的大同世界。

> 美的真谛应该是和谐。这种和谐体现在人身上,就造就了人的美;表现在物上,就造就了物的美;融汇在环境中,就造就了环境的美。
> ——冰心

在西方,古希腊哲学家毕达哥拉斯提出"和谐最美";古希腊思想家柏拉图认为"公正即和谐";英国空想社会主义者欧文在美国印第安纳州进行了共产主义实验,并以"新和谐"命名;康帕内拉描述了美好的社会——太阳城,在那里,人们按"需"分配、义务劳动,社会实行共和政体……

马克思、恩格斯在继承前人思想成果的基础上,创立了科学社会主义理论,勾画出了未来共产主义和谐社会的美好蓝图,并且指明了

四、和谐：在包容完善中融合发展

实现美好社会理想的正确途径。马克思在《1844年经济学哲学手稿》中把共产主义定义为"人和自然界之间、人与人之间矛盾的真正解决"。马克思、恩格斯在《共产党宣言》中还直接提到"社会和谐"的概念。按照他们的论述，未来理想社会是社会生产力高度发达和人的精神生活高度发展的社会，是每个人自由而全面发展的社会，这样的社会，就是人与人和谐相处、人与自然和谐共生的社会。

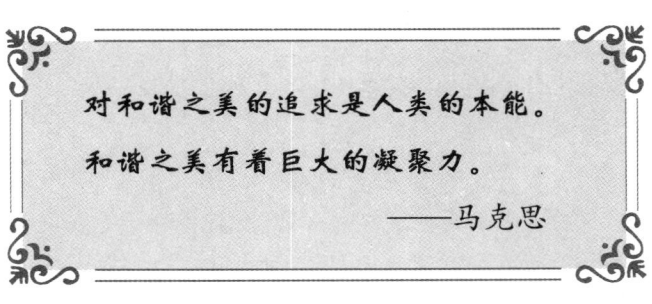

对和谐之美的追求是人类的本能。
和谐之美有着巨大的凝聚力。

——马克思

社会和谐也是中国共产党人不懈追求的目标。新中国成立后，毛泽东发表了《关于正确处理人民内部矛盾的问题》、《论十大关系》等著作，提出了关于正确处理人民内部矛盾、处理我国社会发展中的一些重大关系等思想。党的十一届三中全会后，邓小平提出了关于社会主义本质的思想、关于按照统筹兼顾的原则来调节各种利益关系的思想、关于建立安定团结的政治环境的思想等。党的十三届四中全会后，党中央根据国内外形势的变化，提出了关于促进社会主义物质文明、精神文明、政治文明协调发展的思想，关于人的全面发展的思想，关于正确处理改革发展稳定关系的思想等。

党的十六届四中全会首次明确提出"和谐社会"的概念，指出，领导干部要不断提高构建社会主义和谐社会的能力。党的十六届六中全会通过的《中共中央关于构建社会主义和谐社会若干重大问题的决定》明确提出："和谐社会是民主法治、公平正义、诚信友爱、充满活力、安定有序、人与自然和谐相处的社会。"要求切实把构建社会主义和谐社会作为贯穿中国特色社会主义建设全过程的长期历史任务和全面建设小康社会的重大现实课题抓紧抓好。

党的十八大以来，以习近平同志为总书记的党中央，又进一步强调构建社会主义和谐社会是坚持和发展中国特色社会主义的重大任务。习近平总书记在参观"复兴之路"的展览时阐释了"中国梦"的深刻内涵，提出到新中国成立100年时建成富强民主文明和谐的社会主义现代化国家，实现中华民族伟大复兴的中国梦。实现中国梦与构建和谐社会同途共向，社会和谐是实现中国梦的题中之义。

如今，构建和谐社会的宏伟蓝图已经绘就，指导思想、基本原则、目标任务、主要措施也已经确立。"和谐"已经成为中国共产党带领中国人民走向中华民族伟大复兴的战略布局。

2. 科学发展是构建和谐社会的前提

改革开放以来，我国经济社会快速发展，取得了举世瞩目的辉煌成就。但同时发展不全面、不协调、不可持续问题比较突出，长期积累的深层次矛盾日益显露，制约发展的体制机制障碍增多，发展方式粗放、发展收益不高、发展代价过大，传统的经济增长模式难以为继……一系列矛盾和问题，都成为构建和谐社会的阻力和屏障。如何解决好发展中的突出矛盾和问题，保持我国发展的良好势头，成为一项重大而紧迫的课题。

2003年春夏之际，在我国发生的重大非典疫情，促使全国上下、全党上下都在思考：我们究竟需要什么样的发展？如果能源消耗殆尽，环境遭到破坏，生态失去平衡，高速发展有悖于中华民族的永续发展，这样的发展还有什么意义？对这些问题的思考，深化了人们对科学发展的认识。2003年10月14日，党的十六届三中全会提出落实科

四、和谐：在包容完善中融合发展

学发展观，要"坚持以人为本，树立全面、协调、可持续的发展观，促进经济社会和人的全面发展。"科学发展观是在深刻总结国内外经济社会发展中的经验教训的基础上提出来的，进一步回答了什么是发展、为什么发展和怎样发展的重大问题，为构建社会主义和谐社会提供了理论指导。

从世界各国经济社会发展的格局来看，拉美国家在20世纪50-80年代，追求发展速度，忽视消费与发展平衡，经济社会发展不全面、不科学的教训，值得我们很好地汲取。为了加快经济发展，缩小与发达国家的差距，拉美国家在第二次世界大战后的较长时期内努力拉动经济增长速度，国家对经济进行了有力的干预，推动了经济增长。1950-1980年，拉美经济进入了增长的黄金时期，期间整个地区的GDP年均增长5.3%，人均GDP翻了好几番，到1975年超过了1000美元。同时，拉美国家私人消费的增长速度超过了人均GDP的增速，不少国家只顾速度，却忽视了经济增长的可持续性，忽视了经济增长与发展之间的协调性。在此期间，拉美国家的政府重视经济增长的速度，试图通过高增长解决贫困问题，因而忽视了对增长过程中出现的财富分配不公、收入分配不均和两极分化加剧、城乡发展严重不平衡等社会问题的关注，从而使得拉美国家陷入了"中等收入陷阱"，导致经济增长缓慢甚至停滞，付出了高昂的代价。

中等收入陷阱：世界银行《东亚经济发展报告（2006）》提出了"中等收入陷阱"（Middle Income Trap）的概念。基本涵义是指当一个国家的人均国内生产总值（GDP）超过3000美元后，由于不能顺利实现经济发展方式的转变，导致经济增长动力不足，往往陷入经济增

长的停滞期，既无法在工资方面与低收入国家竞争，又无法在尖端技术方面与发达国家竞争，人均国内生产总值长期处于徘徊状态，难以突破1万美元。

按照世界银行的标准，2013年我国人均国内生产总值达到6767美元，已经进入中等收入偏上国家的行列。警惕并避免中等收入陷阱，是我们面临的重大考验。

科学发展观为正确认识和妥善处理人类进步与保护自然的关系，促进人与自然的和谐提供了指导。在过去的经济发展过程中，由于我们"围湖造田"、"毁林开荒"、"开垦草原"等向大自然过度攫取的行为，导致水土流失和荒漠化加剧、森林破坏、大气和水系污染等后果，严重影响了人与自然的和谐。科学发展要求在经济发展的同时，充分考虑环境、资源和生态的可承载能力，保持人与自然的和谐，促进经济社会发展与人口、资源和环境相协调，实现自然资源的永续利用，坚持走生产发展、生活富裕、生态良好的文明发展道路，保证一代又一代的永续发展。

科学发展为最大限度地减少各方面的不和谐因素，促进人与社会的和谐提供了动力。我国社会总体上是和谐的，但是也存在不少影响人与社会和谐相处的矛盾和问题。比如城乡、区域经济社会发展不平衡；人口资源环境压力加大；社会保障、教育、医疗、住房等关系群众切身利益的问题比较突出等等。针对这些不平衡、不协调的问题，党和政府不断提高社会治理能力。比如扎实推进社会主义新农村建设，促进城乡协调发展；坚持教育优先发展，促进教育公平；加强医疗卫生服务，提高人民健康水平等，都是用发展的办法解决前进中的问题，既大力发展了社会生产力，又解决了发展不平衡的问题，推动

四、和谐：在包容完善中融合发展

了经济社会的协调发展。

科学发展为妥善协调好社会各方面的利益关系，促进人与人之间的和谐铺就了道路。科学发展要求"以人为本"，始终坚持人与人之间的平等，并从这一要求出发，着力解决社会发展中的失衡问题。一方面，要通过制度创新，使人们的创造力得到充分发挥，加快社会生产力的发展；另一方面，要采取必要措施，统筹兼顾社会各方面的利益，使全体人民共享改革发展的成果。只有让全社会的创造力得到充分发挥，让一切创造社会财富的源泉充分涌流，使全体人民各尽其能、各得其所，才能真正实现人与人之间的和睦相处。另外，追求人的内心和谐与坚持"以人为本"的科学发展也是一致的。加强思想修养，促进人的内心的和谐，塑造自尊自信、理性平和、积极向上的社会心态，是实现科学发展，建设和谐社会的重要一环。人的内心和谐，对于促进人与人、人与社会、人与自然之间的和谐至关重要。

科学发展是实现社会和谐的必要前提，只有坚持科学发展，才能正确认识并妥善处理现阶段我国各方面的突出矛盾和问题，协调好各种利益关系，从多方面为构建社会主义和谐社会提供必要保障。

3. 在全面深化改革当中剔除体制、机制弊端

党的十一届三中全会以来，我们以巨大的政治勇气，锐意推进改革开放，从农村到城市、从沿海到内地，在理论和实践上不断取得重大进展，极大地解放和发展了社会生产力，推动经济社会发展取得了举世瞩目的伟大成就。实行改革开放的30多年，我们解决了大量的思想认识和社会问题，在取得巨大成绩的同时，转型时期也遇到了一些新矛盾和新问题。这些新矛盾、新问题，有些仍然是由思想认识落后

于形势的发展而产生，有些则是一些躲不开、绕不过的制约科学发展的体制、机制弊端所导致。体制、机制性的弊端已经成为阻碍经济发展，影响社会和谐的绊脚石，必须要通过全面深化改革的方式加以解决。

比如：在经济领域，社会主义市场经济体制还存在很多不完善的地方，尤其是政府与市场权力边界的划分问题；在社会领域，社会保障体系不健全，农村和城市居民在享受公共服务等方面还有较大差异，基本养老保险制度也不够完善。还有政治领域、文化领域、生态领域，都存在着这样那样的阻碍经济社会发展的体制、机制弊端。

全面深化改革是一场规模空前的社会变革，是利益关系的深刻调整，涉及的社会领域广泛。在这一过程中，出现一些问题是难以避免的。但正如习总书记所说："在认识世界和改造世界的过程中，旧的问题解决了，新的问题又会产生，制度总是需要不断完善，因而改革既不可能一蹴而就、也不可能一劳永逸。"面对改革中出现的体制、机制问题，如果我们固步自封、墨守成规、不思进取，就不可能保证我们制度的成熟和持久，还会在各种不适应中阻碍生产力的发展。所以，我们既要对我们的制度充满自信，又要敢于探索、勇于完善，通过全面深化改革来不断革除体制、机制的弊端。

十八届三中全会做出的全面深化改革的决定，提出要以全面深化改革来剔除体制、机制弊端。全会针对群众最为关心、

四、和谐：在包容完善中融合发展

关注的社会问题，制定了一系列全面深化改革的举措。比如，针对垄断、地方保护等不符合公平竞争原则的问题，提出建立公平开放透明的市场规则、改革市场监管体系等做法，着重从体制、机制上解决市场经济的不完善。比如，针对行政审批程序繁琐这一群众颇为抱怨的问题，提出深化行政审批制度改革，最大限度减少中央政府对微观事务的管理，对直接面向基层、量大面广、由地方管理更方便有效的经济社会事项，一律下放地方和基层管理。再比如，针对群众关注的教育资源配置不均问题，提出实行公办学校标准化建设和校长教师交流轮岗，不设重点学校重点班，破解择校难等举措。这一系列举措彰显了政府破除体制、机制弊端，增强发展的动力与活力，促进社会和谐进步的决心。

"逆水行舟用力撑，一篙松劲退千寻。"我们对体制、机制等方面的深层次矛盾应抱以不回避、不掩饰的态度。尤其要敢于"自我突破"，既要冲破思想定势的障碍，又要突破利益固化的藩篱，在全面深化改革中勇于闯关，充分利用中国特色社会主义的强大生命力和制度优势，万众一心，让中国迈上新的发展高度，让中国梦早日梦想成真。

4. 改革发展成果要普惠广大人民群众

改革开放以来，中国共产党带领中国人民一直致力于国家的经济社会建设，取得了经济总量世界第二的好成绩，社会呈现出一片繁荣发展的景象。"蛋糕"做大了，还要分好了，这样才能实现社会和谐。为此，党和政府做出了许多努力，力求将社会主义现代化建设取得的经济、政治、文化、社会等各个方面的成果变成广大人民群众共享的成果。

让广大人民群众共享经济发展成果，是构建和谐社会的前提。十八大报告中，首次提出了到2020年实现国内生产总值和城乡居民人均收入比2010年翻一番的新目标，城乡居民将更多地享有经济发展的成果。为了解决区域之间、城乡之间、行业之间的不均衡问题，党和政府制定了一系列举措。比如，为了实现区域经济发展的均衡，政府提出了西部大开发、振兴东北老工业基地和中部崛起的区域发展战略。比如，为了缩小城乡、行业的收入差距，政府取消了农业税，加大农业补贴力度，赋予农民更多的财产权利；大幅提高国家扶贫标准和城乡低保补助水平；2011年，将个税起征点提高到3500元，明显减轻工薪阶层税负；2005－2014年，连续10年提高了企业退休人员基本养老金等。

切实保障人民享有各项合法权益、不断推进社会民主化进程、保证人民当家做主，让广大人民群众共享政治成果，是构建和谐社会的基本保障。我国一直注重健全社会主义民主制度、丰富民主形式，从各层次、各领域扩大人民群众有序参与政治生活，保障人民当家做主的地位。党的十八届三中全会明确提出，推动人民代表大会制度与时俱进，强调坚持人民主体地位，推进人民代表大会制度理论和实践创新，发挥人民代表大会制度的根本政治制度作用，要求完善人大工作机制，通过座谈、听证、评估、公布法律草案等扩大公民有序参与立法途径，通过询问、质询、特定问题调查、备案审查等积极回应社会关切。协商民主是我国社会主义民主政治的特有形式。协商民主是以经济社会发展重大问题和涉及群众切身利益的实际问题为内容，在全社会开展广泛协商，坚持协商于决策之前和决策实施之中的民主模式。协商民主在实践中不断发展，十八大报告中，更是提出"健全社会主义协商民主制度"，把协商民主从一种民主形式上升为一种制

四、和谐：在包容完善中融合发展

度形式。让人们共享改革的政治成果，要充分保障发展基层民主。畅通民主渠道，健全基层选举、议事、公开、述职、问责等机制；开展形式多样的基层民主协商，推进基层协商制度化，建立健全居民、村民监督机制，促进群众在城乡社区治理、基层公共事务和公益事业中依法自我管理、自我服务、自我教育、自我监督；健全以职工代表大会为基本形式的企事业单位民主管理制度，加强社会组织民主机制建设，保障职工参与管理和监督的民主权利，这些措施的实施，将让人民群众感受到尊严和权利，也体验到责任和义务。

不断满足人民日益增长的文化需要、最终实现人的全面发展，让人民共享文化发展成果，是构建和谐社会的重要任务。建立公共文化服务体系建设协调机制，统筹服务设施网络建设，促进基本公共文化服务标准化、均等化，一直是我国在群众文化建设方面的重要目标。建立群众评价和反

馈机制，推动文化惠民项目与群众文化需求有效对接，整合基层宣传文化、党员教育、科学普及、体育健身等设施，建设综合性文化服务中心，一直是我国群众文化工作的重点工作。推动公共图书馆、博物馆、文化馆、科技馆等组建理事会，吸纳有关方面代表、专业人士、各界群众参与管理；引入竞争机制，推动公共文化服务社会化发展；鼓励社会力量、社会资本参与公共文化服务体系建设，培育文化非营利组织，繁荣文化市场，一直是我国群众文化建设探索的发展途径。群众文化建设取得了实实在在的成效。其中，农家书屋工程，是我国

文化惠民的一项重要举措，对于缩小城乡文化差距、实现公共文化服务均等化、保障农民群众基本文化权益有重要的作用。截至2012年8月底，农家书屋已覆盖全国具备条件的行政村。全国共建成达到统一规定标准的农家书屋60049家，投入资金180多亿元，共计配送图书9.4亿册、报刊5.4亿份、音像制品1.2亿张、影视放映设备和阅读设施60多万套，丰富了农村的文化生活。另外，公共文化服务机构免费开放工作取得了深入进展，全国美术馆、公共图书馆、文化馆（站）已经全部免费开放，基本项目健全并免费提供。

  健全社会保障体系，保证人民享有完善的社会公共服务，让广大人民群众共享社会成果，是构建和谐社会的基础工程。十八届三中全会以来，提出了许多具体可行的保障社会成果普惠人民的举措。比如，涉及亿万家庭的教育改革问题，提出要"深化教育领域综合改革"。首先在条件成熟的城镇，将免除学前、高中阶段缴费，从幼儿园到高中，实行全面免费；基本普及高中教育，在贫困地区，在少数民族地区，在边远地区，最大限度地确保每一个孩子读完高中；增加大学、中高职学生的贫困助学补助，尽力确保每一个高考生的入学。比如，涉及各界民众的社会保障方面，提出"建立更加公平可持续的社会保障制度"。在养老金领取上，实现政策统一，同工同酬，取消退休双轨制，取消企业退休职工不合理的待遇，无论是企业承担还是政府承担，企业、行政、教育职工退休金平等。再比如，涉及各族群众的医疗改革方面，提出"深化医药卫生体制改革"，加大大病报销比例，使人人能够看得起病；同时，随着国民经济的增长，随着国力的增强，国家将陆续提高医保卡门诊报销比例，最使民众得实惠的是"异地报销"，即在其他省市医院治疗可纳入本地报销，解决省外难以报销，省外报销低的弊端。

四、和谐：在包容完善中融合发展

改革发展成果普惠于广大人民群众，不是一句空话，更不是"画饼充饥"，是实实在在的措施，实实在在的行动。在一定意义上讲，社会的运转是围绕着经济、政治、文化等各个方面的利益而进行的。利益问题处理得好，它是社会和谐的润滑剂，处理不好，它是社会矛盾的引爆器。我们有理由相信，随着全面深化改革的推进，越来越多的发展成果将更多更好地由人民共享，我们的社会将更加和谐。

思考与实践

1. 对于和谐社会，你是怎么理解的呢？

2. 当前，我们国家采取了很多社会政策措施，保障人民共享改革发展成果。把你知道的内容和同学们一起交流分享。

五、自由：在堤岸中行进流淌

自由是指不受他人的奴役、支配，具有自觉、自愿、自主的意志与行为，能够按照自己的意愿、兴趣和爱好，发展自己多方面的才能，充分展示和发展自己的个性。自由是人类的天性，是人全面发展的前提。

自由需要规则，以不妨碍他人的自由为界限。作为现代社会的人，我们应该有自己的自由，但我们同样要遵守社会的规范。只有遵守这些规范，社会才能在安定的环境中发展，个人自由才能够得到保障。

1. 追求自由是人类的天性

人是生而自由的，追求自由是人类的天性，就如同享受阳光，呼吸空气一样，与生俱来。人们渴望自由地表达自己的观点，发表自己的见解；渴望自由地决定自己的生活方式，充分发挥自己的天性与才能；渴望自由地与他人交往，不受约束与限制。

人类进入阶级社会以来，希望不受剥削、不受压迫、不受支配和

五、自由：在堤岸中行进流淌

奴役的愿望更加强烈，对自由的理解更加深刻。在西方资产阶级启蒙运动中，霍布斯、洛克、孟德斯鸠、伏尔泰、卢梭、边沁、密尔等西方思想家对自由、平等、民主等概念的阐释和呼唤，为资产阶级大革命的爆发提供了思想武装。自由作为一种价值理念，反映了新兴资产阶级和广大下层人民的愿望，在反抗宗教神权和封建专制的王权统治方面发挥了旗帜作用。

马克思、恩格斯在借鉴资产阶级自由观的基础上，提出实现人的彻底解放，使人成为"完整的人"、"真正的人"、"自由的人"；共产主义社会的本质就是自由人的"联合体"，是"以每个人的全面而自由的发展为基本原则的社会形式"。"促进人的自由而全面发展"作为马克思主义的核心价值取向之一，引领着共产党人不断奋斗前行。我国宪法对中华人民共和国公民的自由进行了明确的规定，强调了自由在权利、责任、义务方面的统一。自由作为社会主义核心价值观的重要内容，是中国共产党对马克思主义自由观的继承和创新，体现了中国共产党作为执政党高度的理论自信。

争取自由是一种伟大的精神动力。中国人民历来崇尚和珍爱自由，坚持为自由而奋斗。近代以来，中国饱受封建专制和外国剥削，人们对实现民族独立、国家富强、人民自由的渴望非常强烈。匈牙利诗人裴多菲的诗句"生命诚可贵，爱情价更高，若为自由故，二者皆可抛"，在五四运动之后传入我国，激励着一大批有志报国的热血青年，怀着为自由而斗争的理想，不畏艰险，不怕牺牲，创造了可歌可泣的革命业绩。无论是陈毅的"取义成仁今日事，人间遍种自由花"，还是毛泽东的"万类霜天竞自由"，都体现了革命者追求自由的博大情怀。经过无数革命者抛头颅、洒热血的不懈斗争，中国终于摆脱了压迫和束缚，中国人民真正享受到了自由的权利。

在当代中国，自由是社会发展进步的活力之源。回溯改革开放30多年的历程，从小岗村18户农民冒着风险进行"包产到户"的尝试，到农民可以合法流转土地承包经营权；从计划定产、统购统销的计划经济到有计划的社会主义商品经济，再到社会主义市场经济体制的建立完善，社会发展活力、创造活力进一步增强；从穿件牛仔裤会被人指指点点，到街上随处可见混搭的潮人；从每年只能观看屈指可数的几部影片，到随便走进影院或在网上就能享受视听盛宴……无论是经济活动、个人生活还是精神文化生活，今天的人们有了更多样的选择。

自由是思想解放、锐意创新的基础。从某种意义上说，中国的改革开放史就是一部思想解放、锐意创新史。正是依靠不断解放思想，我们才能在关键时刻、关键领域取得突破；正是依靠锐意创新，我们才能为生产力发展提供不竭的精神动力。因此，全社会要形成宽松自由的氛围，尊重一切有利于社会进步的创造愿望、创造活动，才能催生越来越多的创造成果。

自由赋予社会生活以更大的活力。生活方式丰富多样是社会发展进步的表现，它需要以自由、包容的社会环境为依托。尊重个人的基本权利和个性，尊重个人不同的选择，已经成为社会的共识。拿就业方式来说，如今人们既可以自主创业，也可以选择私企、外企；既可以供职于机关事业单位和国企，也可以做不必朝九晚五的自由职业者。

自由是促进经济繁荣发展的重要手段。市场经济是人类历史上到目前为止最有效率的资源配置方式。改革开放以来，我国立足社会主义初级阶段基本国情，逐步建立和完善社会主义市场经济体制，打破了束缚生产力发展的条条框框，创造了举世瞩目的发展奇迹。经济自由是市场经济的本质要求，它意味着生产要素的自由流动、企业经营的自由竞争和普通民众的自由创新。党的十八届三中全会《中共中央关于全面深化改革若干重大问题的决定》提出："使市场在资源配置中起决定性作用。……加快形成企业自主经营、公平竞争，消费者自由选择、自主消费，商品和要素自由流动、平等交换的现代市场体系，着力清除市场壁垒，提高资源配置效率和公平性。"而政府着力推动的各项政策，无论是产权保护制度，还是"负面清单"制度，抑或是放宽投资准入，都是为了扫除阻碍市场发展的体制机制障碍，增强市场的自由度，让市场主体充分享受参与、竞争、经营的自主权，最终实现"一切劳动、知识、技术、管理和资本的活力竞相迸发，一切创造社会财富的源泉充分涌流"。

知识链接

负面清单：十八届三中全会《决定》提出："实行统一的市场准入制度，在制定负面清单基础上，各类市场主体可依法平等进入清单之外领域。"负面清单是相对于正面清单而言的概念，它是指仅列举法律法规禁止的事项，对于列举以外的事项，法律法规不会进行干预，市场主体有行为的自由。推行负面清单制度，是政府治理模式的重大转变。

2. 人是生而自由的，却无处不在枷锁之中

人是生而自由的，但是这并不意味着人们享有的自由完全不受限制。自由是相对的，自由绝不是个人随意的无限制的自由。我国宪法明确规定："中华人民共和国公民在行使自由和权利的时候，不得损

害国家的、社会的、集体的利益和其他公民的合法的自由和权利。"在文明社会，自由就是做法律上允许做的事情的权利。人是社会的主体，社会是人的社会。作为社会的一员，在追求自由的过程中，个人行为要受到各种约束。正如卢梭所说"人是生而自由的，却无处不在枷锁之中"。

如果把我们所处的社会环境看成是一条河流，法规和道德就是河流的堤岸。美国人金斯伯格说："自由只存在于束缚之中，没有堤岸，哪来江河？"只有在堤岸的约束下，河流才能正常的行进流淌。只有在法规和道德的保障下，我们的社会才能有序地发展进步。如果没有法规和道德，整个社会将处于无序状态，我们个人的自由也就无法实现。

自由的实现要受法律和道德的约束。对个人来说，自由总是越多越好，但从社会整体角度而言，个人的自由必须与社会发展状态相适应。不分析社会条件，片面追求自由，往往会导致无政府主义和极端个人主义。正如江泽民所说："离开社会的进步和经济的发展来谈民主、自由和人权是没有意义的。"自由是需要一定限制的，就像飞驰的列车，轨道正是飞驰的根基。人需要的自由是有序的自由，而不是无序的自由；是公共的自由，而不是个体狭隘的自由。无序自由所带来的严重后果，通常会限制更多自由。我们经常说起的"豪猪取暖"的故事，讲的就是自由度的问题。

近年来，随着社会的不断进步，人们的自我观念、自主意识不

断增强,追求自由的意愿也越来越强。网络技术的进步,拓展了人们相互沟通、获取知识的途径,成为人们表达观点和看法的新渠道,激发了人们表达诉求与意见的愿望。互联网是自由开放的平台,人人都有麦克风,人人都有话语权,但遵

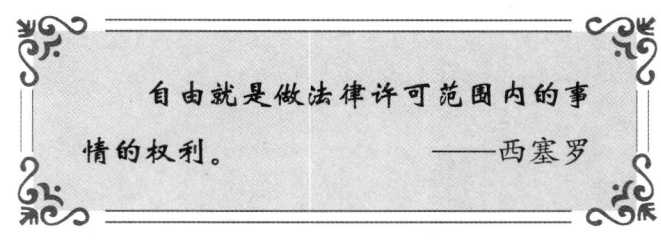

自由就是做法律许可范围内的事情的权利。
——西塞罗

守法律是基本准则,底线不可逾越。2013年9月,最高人民法院、最高人民检察院出台了《关于办理利用信息网络实施诽谤等刑事案件适用法律若干问题的解释》,其目的是"让守法者畅所欲言,让违法者寸步难行",真正保障个人的网络言论自由。英国人罗素说:"我们只反对一种自由,即减少他人自由的自由。"自由的本义并不是为所欲为,世上没有绝对的自由。客观地说,不是所有自由都值得追求,也不是所有限制,都应该否定。一个自由的社会,绝非指人人可以为所欲为,而是指这个社会能够通过制度,保障每个公民享有某些根本而重要的基本自由。在现实社会中,一些人却丧失了道德原则,忘记了法律底线,或者为名,或者为利,打着自由的幌子,干了一些危害社会道德和社会秩序的事情,给社会造成了很大的负面影响。例如在秦志晖案(网名"秦火火")中,秦志晖与杨秀宇(网名"立二拆四")等人组成网络推手团队,伙同少数所谓的"意见领袖",组织网络"水军"长期在网上炮制虚假新闻,故意歪曲事实,制造事端,严重扰乱了网络秩序。2014年4月11日,北京朝阳区人民法院对案件进行了审理。被告秦志晖在最后的陈述中说:"第一,我的行为在法律上是不被许可的,在事实上我的确是误导了大家对公众人物和政府部门的看法;第二,我没有认识到网络不仅仅是一个虚拟空间,我越过

了红线，严重损害了他人的名誉和声誉；第三，网络是自由的，但网络不是法外之地，我恰恰忽视了这一点，忽视了法律和道德的存在，扰乱了网络的正常秩序。"2014年4月17日，秦志晖以诽谤罪、寻衅滋事罪被法院判处有期徒刑3年。

《关于办理利用信息网络实施诽谤等刑事案件适用法律若干问题的解释》：最高人民法院、最高人民检察院对办理利用信息网络实施诽谤、寻衅滋事、敲诈勒索、非法经营等刑事案件适用法律的若干问题解释于2013年9月10日起施行。

捏造损害他人名誉、将信息网络上涉及他人的原始信息内容篡改为损害他人名誉的事实，在信息网络上散布的，以"捏造事实诽谤他人"论。同一被认定为诽谤信息的实际被点击、浏览次数达到五千次以上，或者被转发次数达到五百次以上的可定罪。

利用信息网络辱骂、恐吓他人，情节恶劣，破坏社会秩序的，以寻衅滋事罪定罪处罚。编造虚假信息，或者明知是编造的虚假信息，在信息网络上散布，或者组织、指使人员在信息网络上散布，起哄闹事，造成公共秩序严重混乱的，以寻衅滋事罪定罪处罚。

以在信息网络上发布、删除等方式处理网络信息为由，威胁、要挟他人，索取公私财物，数额较大，或者多次实施上述行为的，以敲诈勒索罪定罪处罚。

中国当前还处于社会主义初级阶段，人民群众日益增长的物质文化需要和落后的社会生产之间的矛盾还是我国当前的主要矛盾。个人自由空间的拓展，必定要受到社会发展状况和社会生态环境的制约影响。这些年，通过改革开放，我国的经济总量有了很大提高，但是相对于13亿多的庞大人口基数，人均占有量还很低。要保障人们在物质文化生活和精神文化生活方面的需求自由，社会的物质财富还是有差距的。坚持以经济建设为中心，大力发展经济，实现科学发展，建设和谐社会，实现物质财富的积累和人民生活的改善，是我们每个人获得自由的前提和保障。户籍制度的改革、城乡养老保险和医疗保险的规范对接、异地高考政策的逐步放开、破除就业限制等政策的推行，展现了政府在保障个人自由等方面的决心。随着我国经济的发展和社会政策的逐步完善，人们的自由将得到更大程度的实现。

新闻链接

教育部基础教育一司副司长杜柯伟在2014年2月20日国新办召开的新闻发布会上表示，截至2013年底，全国义务教育阶段的随迁子女共1277万人，占义务教育学生总数的9.3%，随迁子女在公办学校就学的比例达80.4%，以公办学校为主接收随迁子女就学的格局已经基本形成。除了在公办学校就读外，上海、浙江等地还采取由政府向民办学校购买学额的方式，如把这个比例算上，国家财政性教育经费保障随迁子女就学的比例已达83.5%。

2013年是异地高考破冰之年。河北、辽宁等12个省市组织实施了随迁子女在当地参加高考，虽然人数不多，但是意义重大。2014年开始解决的有北京、天津、山西、内蒙古等18个省区市。"各地都公布了实施方案，到今年全国会有30个省区市解决随迁子女在当地参加高考的问题。因为各地经济社会发展和人口的结构规模不太一样，所以各地要因地制宜安排实施。"

3. 认清西方自由主义的实质

新自由主义理论形成于20世纪30年代，到20世纪70年代之后取代凯恩斯主义，成为西方经济理论中的主流。20世纪80年代之后，英国和美国分别奉行"撒切尔主义"和"里根经济学"，推动了新自由主义的政治化、国家意识形态化、范式化。

	古典自由主义	新自由主义
时间	18世纪70、80年代	20世纪30年代
代表人物或主要流派	•亚当·斯密、大卫·休谟、孟德斯鸠、李嘉图、霍布斯等	•主要流派：货币学派、供给学派、理性预期学派、公共选择学派、新制度主义等
主要观点	•强调以理性为基础的个人自由，主张维护个性发展，反对专制 •生命、自由和财产是公民不可剥夺的基本权利，公民在法律许可的范围内享有充分的自由权 •国家权力应受到限制，应实行法治和分权以保护公民权	•市场是完全自由的竞争，倡导个人主义 •支持发挥"看不见的手"的力量，提倡自由放任的市场经济 •反对国家过多干预经济，政府最小化，经济自由化 •主张私有化，反对公有制 •宣扬西方宪政民主，公民社会，普世价值

1990年"华盛顿共识"形成以后，西方新自由主义成为国际垄断资本主义的"国家意识形态"，成为了世界主要发达国家向发展中

家推行的主流思想。

"华盛顿共识"：1989年，总部设在华盛顿的国际经济研究所所长约翰·威廉姆斯提出了"华盛顿共识"，系统地提出指导拉美经济改革的10条政策主张，即加强财政纪律，压缩财政赤字，降低通货膨胀；政府开支应重点转向经济效益高和有利于改善收入分配的领域；改革税制，扩大税基；实施利率市场化；采用有竞争力的汇率制度；实施贸易自由化；放松对外资的限制；对国有企业实施私有化；放松政府管制和保护私人财产权等。后来人们将这些观点称之为"新自由主义的政策宣言"。

在政治和社会领域，新自由主义通过新闻媒体和政治干预等方式，在世界范围内鼓吹所谓的"新闻自由"、"言论自由"、"公民社会"和"普世价值"。其实质就是引发思想上的混乱，动摇各国政府执政的思想基础，破坏政府的合法性。苏东剧变之前，西方各国就是用"普世价值"、西方宪政民主进行渗透，妖魔化苏联共产党，鼓动人们反对马克思主义和社会主义制度，导致苏共垮台、苏联解体、东欧剧变。

近些年来，西方自由主义在我国也有很大的市场，一些人不顾我国的国情，无视改革开放的成功经验，鼓吹要放弃中国特色社会主义理论的指导地位，用西方的理论来指导中国的实践，其实质就是要从根本上瓦解我们的思想武装，最终是要让我们放弃社会主义道路，放弃中国共产党的领导，放弃改革开放的成果。

西方自由主义之所以大力鼓吹彻底的、绝对的、超阶级的"新闻自由",标榜新闻媒体是"社会公器",是因为在现代社会,新闻媒体和社会舆论对社会稳定有着重要影响。世界上从来就没有绝对的新闻自由,新闻舆论作为上层建筑的组成部分,意识形态是它的重要属性。西方各国的媒体都有着各自的政治倾向,背后存在着利益团体的支持。例如美国有线电视公司(CNN)的后台老板是时代华纳公司,而时代华纳公司的13位董事会成员中有10位是投资银行、跨国公司、知名媒体的高管或者是美国前政府的高官。

实际上,西方在新闻自由上实行的是双重标准,涉及意识形态、涉及制度,他们有一条明确的界定,就是政治正确。凡是不符合西方政治观点、价值观念的新闻报道,他们便挥舞着"自由斗士"的棍棒大加讨伐;但一旦涉及他们的意识形态和政治制度,他们就惜字如金,甚至不惜歪曲事实,混淆是非。从西方媒体有关"占领华尔街"运动和昆明暴恐案件报道的对比中,我们很容易认清其新闻自由的实质。

 新闻链接一

2008年发生于美国的金融危机,逐步演变为一场波及世界的经济危机。2011年10月,一场名为"占领华尔街"的游行抗议运动波及上千美国城市。这场运动声势浩大,加入抗议的社会组织和民众人数众多,政治诉求十分明确:改变美国不公平不合理的政治经济制度,美国人民已无法忍受长期被资本操控的命运。但奇怪的是,这场席卷全美国的抗议风暴却被美国媒体"忽略了"。一反他们一贯唯恐天下不乱的风格,实行低调处理。美国各大主流媒体要么视而不见,要么轻描淡写,与他们在别的国家发生类似事件时的表现完全迥异。当自己国家爆发了"华尔街革命"的时候,美国所谓的"新闻自由"哪儿去了?

五、自由：在堤岸中行进流淌

  2014年3月1日在昆明火车站发生了惨绝人寰的暴恐袭击案，造成了无辜平民29人死亡143人受伤。以CNN、BBC为代表的西方媒体在报道中国遭遇的恐怖袭击时，始终态度暧昧，甚至颠倒黑白。他们可以一边承受本国恐怖袭击带来的巨大痛苦，一边在面对发生在中国的恐怖袭击时装作不太清楚何为恐怖袭击。当联合国安理会用"最强烈的言辞"谴责这起恐怖袭击事件时，CNN却在报道中，先是把恐怖分子四个字加了引号，表示怀疑；当有识之士纷纷批评CNN做法无理时，他们的报道题目又改为"中国火车站谋杀案被称为恐怖袭击"，向世界传达出恐怖袭击并不是CNN的看法，而是被别人这么定义的而已。对比在2013年5月22日英国伦敦士兵被当街砍杀案中的表现，CNN有如川剧中的"变脸"，充满了戏剧感。他们对无辜生命的鲜血冷漠视之，对暴徒的残忍选择性失明，让世人看清了他们的真实面孔。

  同样，在西方国家也不存在真正的言论自由。"我不同意你的说法，但我誓死捍卫你说话的权利"，这句话据称是法国启蒙思想家、被称为"法国良心"的伏尔泰的名言，一直被美欧媒体和政客不遗余力地向全世界推广，作为捍卫"言论自由"标志性的符号。令人意想不到的是，经过追查，伏尔泰并未说过这句话，这件事本身就在西方"言论自由"的说法上戳了一个窟窿。一个在欧美生活多年的中国学者称，在美国有18种"言论自由"不受保护，大到泄露国家机密、危害公共安全、可能引发社会动荡的言论，小到包括扰乱课堂秩序、造谣诽谤、妨害城市公共交通、污言秽语、辱骂他人等等。而《欧洲人权公约》对言论自由限制的内容甚至比言论自由的内容多一倍。广受

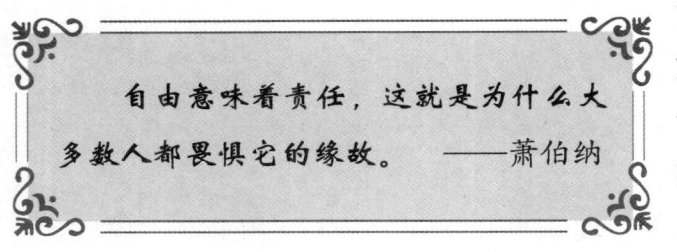

> 自由意味着责任，这就是为什么大多数人都畏惧它的缘故。——萧伯纳

世界关注的2013年披露美国监听丑闻的斯诺登案件，告诉我们两个真相：一是美国中央情报局对美国人民和世界各国政要及重要人物的秘密监听监控，说明美国也不是真正自由的天堂；二是斯诺登因为爆料受到追捕而流亡俄罗斯，说明在美国绝对的言论自由也是不存在的。

西方自由主义所说的"公民社会"，指的是在社会领域里个人权利至上，国家不得干预。以美国为首的一些西方国家，打着"维护人权"，建设"公民社会"的旗号，不断地干涉别国的社会发展。例如，2013年10月10日，"美国国会及行政部门中国问题委员会"发布报告称，中国的人权纪录在新领导人上台后没有得到改善。但是实际上，美国自身在维护人权方面，就存在很大的问题。2010年2月5日，在瑞士日内瓦，联合国人权理事会会议审议美国的人权状况时，要求发言的国家达87个，尽管只有56个国家代表有发言资格，但发言中内容几乎都涉及要求美国批准核心国际人权条约、保护少数族裔和土著人权利、反对种族歧视、关闭关塔那摩监狱等。拥有人权理事会席位的47国中，绝大多数要求美国政府改善其自身人权状况。法国和爱尔兰则要求奥巴马总统承诺关闭古巴关塔那摩监狱。可见，美国的人权状况国际社会并不买账。

西方自由主义宣扬的"普世价值"，指的是西方的民主、自由、人权等价值观念是超越国家、超越阶级的人类共同价值，具有普世性、永恒性。人类有没有共同价值？当然有。生活在同一个地球村的人类，在处理人与自然、人与社会、人与人之间的关系中不可避免地

会碰到相同或类似的问题,从而形成一些共同的价值追求和价值观念。自由、民主、人权是人类共同的追求,也是人类在长期奋斗中共同创造的文明成果。不同阶级、不同社会阶层的人,对自由、民主、人权的理解和要求是不同的;不同的国家、不同的历史发展阶段,自由、民主、人权的实现形式也会各不相同,不会有统一的模式。西方自由主义宣扬的"普世价值"专指西方政治理念和制度模式。他们无视各国的基本国情、历史文化传统和国民的思想道德状况,把各国存在的一切问题都归咎于制度和体制,鼓吹世界各国只有接受"普世价值"才有前途,把这种所谓的"普世价值"强加给其他国家,实质上是一种"价值原教旨主义"的文化霸权。西方国家如此"用心良苦",其背后的用意就是动摇我们的思想基础。

在经济领域,发达国家主要依靠控制世界主流经济组织和机构(例如世界银行等)来控制其他国家的经济发展,将世界范围内的发展中国家合并到自己的经济政治体系当中。由于新自由主义并不能适应发展中国家的政治、经济和社会情况,结果引发了各国的经济动荡、政局混乱。

20世纪80年代,由于政府严重的债务危机和国内经济局势的困难,很多拉丁美洲、非洲、亚洲和前苏联等国家逐步接受新自由主义,对国内的经济结构进行改革。然而这些改革非但没有扭转经济形势,反而导致了经济恶化、通货膨胀,引发了政治局势动荡,社会秩序混乱。例如拉美的阿根廷在庇隆政府时期,实行企业

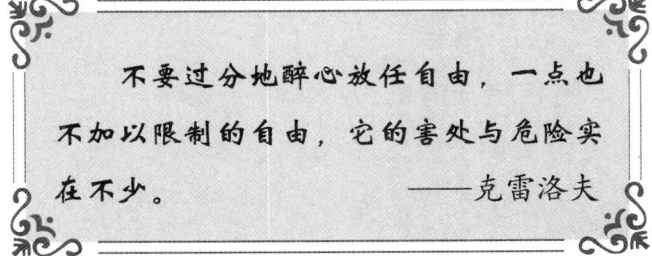

不要过分地醉心放任自由,一点也不加以限制的自由,它的害处与危险实在不少。

——克雷洛夫

国有化、进口替代和政府调控，注重社会公正、维护劳工利益、加强社会福利建设，经济建设和社会事业获得长足进步，生活水平接近于西方国家中的西班牙，被人们称为"准发达国家"。然而，阿根廷在20世纪80年代开始新自由主义改革，推行国企私有化、贸易自由化、投资自由化和金融自由化，几乎卖光了关系到国家经济命脉的所有国有企业，连金融银行领域的国有企业也未能幸免。国际金融投机超级大庄家乘机蜂拥而入，最终致使阿根廷政府失去了对金融的调控能力。在2001年阿根廷爆发金融危机、急需国际金融机构贷款的时候，世界银行、国际货币基金组织等金融机构和美国等西方国家，不仅不兑现此前关于援助的承诺，反而坚持阿根廷如果拿不出可抵押的国有资产就不向其贷款。经过十多年的新自由主义改革，阿根廷几乎卖光了国有财产和国家经济资源，自然拿不出可供抵押的国有资产，因而导致金融危机愈演愈烈，经济状况迅速恶化。这个20世纪90年代被美国誉为新自由主义"改革楷模"的国家，仅仅十几年时间，便沦落为拉美地区最贫穷的国家之一。

新自由主义在西方发达国家也遇到了失败。2008年以来的国际金融危机中，发达国家失业率大幅上升，希腊、西班牙、意大利、葡萄牙、爱尔兰等国出现主权债务危机，政局动荡，人民生活水平大幅度下降。

知识链接

主权债务危机：主权债务是指一国以自己的主权为担保向外（不管是向国际货币基金组织、世界银行，还是向其他国家）借来的债务。主权债务危机是指在国际借贷领域中大量负债，超过了借款者自身的清偿能力，造成无力还债或必须延期还债的现象。

五、自由：在堤岸中行进流淌

传统的主权债务危机的解决方式主要是两种：违约国家向世界银行或者是国际货币基金组织等借款；与债权国就债务利率、还债时间和本金进行商讨。

因此，我们既要认清西方自由主义的实质，也要看到盲目照抄照搬西方自由主义，结果注定是灾难性的。我们必须坚定理论自信、制度自信、道路自信，坚定不移地走中国特色社会主义之路。

世界在不断进步，中国在不断发展。在中国梦的实现进程中，崇尚自由、包容多样，我们"每个人自由而全面的发展"也终将变为现实。

思考与实践

1. 谈谈你对"人是生而自由的，却无处不在枷锁之中"这句话的理解？

2. 谈谈你对西方自由主义的认识。

六、平等：共享人生出彩的机会

人与人之间有智力、能力和职务等方面的差别，但在人格上都是平等的，没有高低贵贱之分。在现代中国，平等的观念融入了政治、经济和社会生活的各个方面，推动国家民族的进步，助力精彩人生的实现。

1. 平等是现代社会的基石

人和人之间的平等，不是指物质上的"相等"或"平均"。平等是指人们在经济、政治、文化、社会生活等方面享有同等的基本权利，也指每个人在机会、人格等方面没有先后和高低贵贱之分。

平等是一种社会价值，它既包括社会成员之间以什么样的态度来相互看待，也包括一个社会应当如何对待其成员。社会成员之间应平等相待，社会对每个社会成员也应平等对待，确保每个人生存和发展需求都受到同等程度的尊重和照顾。毫无疑问，一个社会中的成员在个性、能力、需求等方面是存在差别的，但他们在人格、权利和机会上是平等的。

六、平等：共享人生出彩的机会

平等是现代社会的基石，是衡量人类文明进步的基本标准，也是人类社会孜孜以求的理想价值。自人类诞生以来，平等就一直是人们追求的社会目标。正如恩格斯所说："一切人，作为人来说，都有某些共同点，在这些共同点所及的范围内，他们是平等的，这样的观念自然是非常古老的。"孔子早在两千年前就提出了"不患寡而患不均"的观点，对后世产生了深远的影响。中国历朝历代的农民起义也往往以追求平等为目标，秦朝末年的陈胜、吴广，向着不平等的制度喊出了"王侯将相，宁有种乎"的口号；南宋钟相、杨幺起义，提出了"等贵贱，均贫富"的主张；太平天国起义提出了"有田同耕，有饭同食，有衣同穿，有钱同使，无处不均匀，无人不饱暖"的社会纲领。这些主张，虽然包含了绝对平均的小农思想，但也表达了人们向往平等的愿望。

近代以来，西方思想家赋予了平等更深刻的内涵，法国思想家卢梭提出："社会平等实质上是权利平等"；美国资产阶级革命领袖杰斐逊认为："所有的人都是生而平等和独立的"；法国《人权宣言》宣布："法治社会贯穿最基本的原则就是人人平等"。在资产阶级反对封建专制的过程中，平等理念发挥了重要作用，成为资产阶级动员民众的重要思想理念之一。

平等是社会主义的核心价值。早在16、17世纪，空想社会主义者就已经提出了平等的观念，托马斯·莫尔就曾经提出了一个"财产公有、人民平等、所有人都按需分配"的乌托邦。马克思和恩格斯的科学社会主义，更加系统和深刻地阐释了平等，使平等成为指导社会主义国家革命和建设的理念基石。正如马克思所说："一切人，或至少是一个国家的一切公民，或一个社会的一切成员，都应当有平等的政治地位和社会地位。"

在现代社会，平等主要包含着以下几个方面的内涵。

一是所有公民的人格一律平等。人格是一个人在现代社会中维护生存和尊严应该具备和受到保护的基本人身权利，包括生命权、姓名权、肖像权、名誉权、隐私权，等等。尽管人与人之间在个体上还存在差异，但是所有人在人格上都是平等的，我们每个人都是具有独立意识的主体，都有做人的尊严，都不容轻视。我国宪法明确规定："中华人民共和国公民的人格尊严不受侵犯。禁止用任何方法对公民进行侮辱、诽谤和诬告陷害。"

二是所有公民平等地享有各种基本权利。平等权是现代公民享有的一项基本权利。在政治生活和社会生活中，平等权具体表现为公民在法律面前一律平等，享有选举权被选举权、受教育权、人身自由权等等。例如我国宪法明确规定"中华人民共和国公民在法律面前一律平等"，这意味着，任何公民都平等地享有法律规定的权利，平等地履行法律规定的义务；在法律面前，不允许任何公民享有法律以外的特权。

三是机会面前人人平等。机会不平等是阻碍一个人成功的重要原因之一。机会平等，最关键的是人人都拥有平等参与、平等竞争、平等选择的机会。一个人只要有能力，肯努力，就能够同他人"共同享有人生出彩的机会，共同享有梦想成真的机会，共同享有同祖国和时代一起成长与进步的机会"。

小到人与人之间关系的处理，大到国与国之间的交往，平等理念在现代社会的各个方面发挥着重要的作用。平等是处理人与人之间关系的基本准则，是实现良好人际关系的基础。在人际交往中，平等待人意味着不以强凌弱、不摆资格、平等协商。每个人都能感受到他人对待自己的态度，都希望与尊重自己的人进行交往。只有平等对待他人，才能真正尊重他人，同样才能够获得他人的尊重。

平等是推动社会不断向前的动力。只有承认社会成员的平等地位，才能真正保障人的尊严，尊重每个人的个性与能力，激发每个人的主动性和创造性。随着科技的日新月异和知识经济的不断发展，科技创新已经成为各国综合国力竞争的重要内容。《中共中央关于加强党的执政能力建设的决定》指出："全面贯彻尊重劳动、尊重知识、尊重人才、尊重创造的方针，不断增强全社会的创造活力。"从市场经济放开、搞活的角度来说，赋予各种市场主体平等的地位，能够打破垄断，形成良性竞争，为经济发展注入活力。

尊重各国之间的差异，相互包容，平等相待是构建合理的国际秩序，维护世界和平与发展的前提。十八大报告提出："我们主张，在国际关系中弘扬平等互信、包容互鉴、互利合作的精神，共同维护国际公平正义。"当今的世界是开放的世界，国家要发展，就必须以开放的姿态走向世界，以平等的姿态参与国际竞争。每个国家、每种文明都有其独到之处，只有实现了平等相待、相互尊重，文明与文明之间的交流借鉴才能顺畅，国家与国家之间的沟通合作才能实现共赢。

2. 不存在绝对的平等

在现实生活中，不存在绝对的平等。因受个人天赋、才能、体力等因素的影响，个人勤奋程度、生活态度等因素的制约，个人家庭背景、接受教育程度等因素的差别，人与人之间的确存在着不平等。

我们追求的平等，不是物质上的平等或者平均，而是基本权利、人格地位上的平等。对社会中存在的不平等，特别是由不合理、不正当因素造成的不平等可以通过制度的不断完善，予以解决或补偿，尽全力消除人们在权利、机会等方面的差距。在权利、机会平等的基础上，每个人都可以通过不断奋斗、不断拼搏，努力实现平等，实现人生价值，创造人生辉煌。

我们追求平等，同样也承认正当的差别。如果一个人通过勤奋工作获得了比他人更高的收入，这种差别就是正当的，也是能够被大家

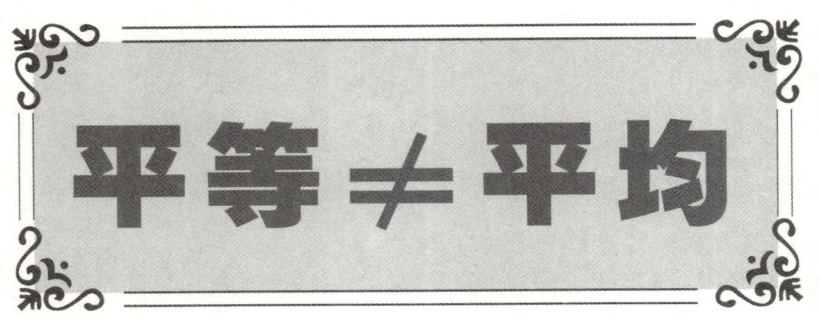

所接受的。比如"杂交水稻之父"袁隆平，先后获得"国家特等发明奖"、"首届国家最高科学技术奖"等多项国内奖项和联合国"科学奖"、"沃尔夫奖"、"世界粮食奖"等11项国际大奖。仅首届"国家最高科学技术奖"一项，奖金就高达500万元人民币。但大家不会认为这不公平，因为他的杰出贡献有目共睹。再比如从事远洋作业、井下作业等工作的人，因为他们所从事的行业危险性较高，所以在同等条件下，他们的收入比其他行业略高些，我们也能接受和认可。

追求平等，要坚决摈弃平均主义。平均主义，简单地说就是在分配物品或财富时每个人得到均等的份额，大家按照人数平均分配。改革开放之前，我国农村实行的就是平均主义的分配方式，在分配时不

考虑劳动付出,大家都吃"大锅饭",农民们"干多干少一个样,干好干坏一个样",影响了人民群众生产的积极性。江泽民曾经指出:"平均主义倾向损害经济效益,压抑劳动者的积极性,可能促使某些人对公有制的离心倾向,甚至会刺激某些人采取不正当的手段谋取私利的欲望。"

追求平等,也要防止两极分化。市场经济可以在较短的时间内实现社会资源的优化配置,同时也鼓励社会成员通过自身的努力来获取合法收益。但是,市场经济也存在过度竞争等问题,容易引发两极分化。邓小平曾经明确指出"发展太慢不是社会主义,两极分化也不是社会主义",社会主义的本质是要实现共同富裕。贫富悬殊、两极分化是与社会主义的价值目标背道而驰的。在具体的实践过程中,由于我国现在正处于并将长期处于社会主义初级阶段,我们承认并允许在市场经济体制下社会成员通过合法经营、诚实劳动致富,合理拉开收入差距。但是,这并不意味着我们漠视、允许贫富悬殊、两极分化问题。我们国家正在推行统筹区域发展、统筹城乡发展等重大举措;正在深化收入分配制度改革,通过增加低收入者收入,扩大中等收入群体,调节过高收入,取缔非法收入等措施,逐步缩小收入分配差距,使收入分配格局趋于合理。由于人的能力存在很大的个体差异,经济发展存在地区、城乡、行业不平衡,社会分配、保障制度需要不断完善等因素的制约,实现共同富裕,还有很长的路要走,需要政府和广大人民群众共同努力。

对于个人而言,追求平等要坚持权利和义务统一的原则。"没有无义务的权利,也没有无权利的义务。"权利和义务是相互的,它们的存在和发展都必须以另一方的存在和发展为前提。现实中的每一个人都渴望享受到平等的权利。现实中的每一个人也都应当为社会的平等做出自己的贡献。在享有基本平等权利的前提下，承认差别，通过正确的方法和手段，付出勤勉的心血和劳动，实现自己的人生价值，改善自己的生存与生活质量，同时为创造、维护社会平等做出应有的贡献，履行维护平等的义务。

3. 国家在制度设计上遵循平等理念

平等是一种社会治理理念。人类的一切行为规则只有建立在平等的原则之上，才能真正发挥作用，才会容易被人们接受并遵守。科学社会主义从诞生之初就将平等作为社会主义的本质要求。马克思说过："平等应当不仅是表面的，不仅在国家的领域中实行，它还应当是实际的，还应当在社会的、经济的领域中实行。"

我国在制度设计上一直都遵循着平等的理念，将保障人民的平等权利作为制定和推行社会政策的出发点和着眼点。新中国成立后，中国共产党领导人民对农业、手工业和资本主义工商业进行社会主义改造，实现了把生产资料私有制转变为社会主义公有制，从根本上消灭了人压迫人、人剥削人的不平等现象，使人民成为国家和社会的主人，为实现平等奠定了坚实的基础。

在经济制度方面，依法保障各种所有制经济和不同市场主体的身份平等。改革开放以来，我国开始逐步建立和完善社会主义市场经济体制，随着生产力的不断进步和社会的不断发展，非公有制经济由小到大，由弱到强，在支撑增长、促进创新、扩大就业、增加税收等方面发挥了重要作用，成为我国经济社会发展的重要基础。正视非公有制经济的作用，给予非公有制经济平等地位，有助于激发非公有制经济的活力和创造力，促进经济增长，保障就业。从"公有制经济必

六、平等：共享人生出彩的机会

要的和有益的补充",到"公有制为主体、多种所有制经济共同发展",再到"非公有制经济是社会主义市场经济的重要组成部分",表明了我们党对非公有制经济的认识随着社会发展而逐步深化。十八届三中全会《决定》提出"公有制经济和非公有制经济都是社会主义市场经济的重要组成部分",第一次将非公有制经济与公有制经济置于同等重要的地位。除此之外，《决定》还提出："国家保护各种所有制经济产权和合法利益，保证各种所有制经济依法平等使用生产要素、公开公平公正参与市场竞争、同等受到法律保护，依法监管各种所有制经济。""坚持权利平等、机会平等、规则平等，废除对非公有制经济各种形式的不合理规定，消除各种隐性壁垒，制定非公有制企业进入特许经营领域具体办法。"这些制度的确立，其目的是为了给予非公有制经济平等的主体地位，创造非公有制经济发展的公平环境，促使各种经济主体平等参与竞争，激发整个社会的经济活力，实现社会生产力的进一步发展。

在政治制度方面，通过人民代表大会制度、中国共产党领导的多党合作和政治协商制度、民族区域自治制度和基层群众自治制度，保证了人民当家做主，使人民成为国家和社会的主人，实现了人民参与国家政治生活的权利平等。中国共产党领导的多党合作和政治协商制度规定，中国共产党是执政党，各民主党派是参政党，享有法律规定的参政权，主要包括：参加国家政权，参与国家大政方针和国家领导人选的

> 生活在我们伟大祖国和伟大时代的中国人民，共同享有人生出彩的机会，共同享有梦想成真的机会，共同享有同祖国和时代一起成长与进步的机会。
> ——习近平

协商，参与国家事务的管理，参与国家方针、政策、法律、法规的制定和执行。民主党派代表一部分社会主义建设者和爱国者的利益和要求，各民主党派与中国共产党法律地位平等，表明我国的政党制度考虑到了不同社会阶层、不同社会群体的政治利益和经济利益，不存在政治上的歧视和压迫。

我国是人民民主专政的社会主义国家，人民可以通过选举人大代表和参与法律制定等方式来行使管理国家事务的平等权利。我国《立法法》规定："行政法规在起草过程中，应当广泛听取有关机关、组织和公民的意见。"作为国家根本大法的《宪法》对男女平等、信仰平等、民族平等和法律面前一律平等等内容做了明确规定。其他各项法律的内容中也体现了平等理念。比如我国《劳动法》规定："劳动者享有平等就业和选择职业的权利。"国家还通过制定有针对性的法律来保障公民的平等权利。比如维护教育平等的《义务教育法》和保障就业平等的《就业促进法》等。

以人为本，是政府制定社会政策的出发点和着眼点。近年来，国家采取一系列措施来保障和改善民生，维护人民群众的平等发展权。

在医疗方面，推动了医疗保险改革，实现基本医疗保险的全覆盖，2013年城乡居民基本医疗保险财政补助标准达到人均280元，基本药物制度覆盖80%以上村卫生室。

就业是民生之本，也是实现所有人机会平等的重要内容。国家通过大学生就业促进计划，对农村转移劳动力进行职业培训，提供公共就业服务和就业援助等措施，破除就业歧视，为实现机会平等创造了条件。

受教育权是公民享有的一项基本平等权利。教育可以改变一个人的命运，是一个人拥有人生出彩机会的前提。1986年《义务教育法》实施以来,各级政府加大对义务教育的投入力度,实施了国家贫困地区义务教育工程、农村中小学现代远程教育工程、西部地区"两基"攻坚计划,以及农村贫困家庭中小学生"两免一补"政策,义务教育事业发展取得了显著成效。2012年,义务教育阶段毛入学率超过99%。在此基础上,国家出台各种措施,进一步促进教育平等。十八届三中全会《决定》指出:"健全家庭经济困难学生资助体系,构建利用信息化手段扩大优质教育资源覆盖面的有效机制,逐步缩小区域、城乡、校际差距。统筹城乡义务教育资源均衡配置。……推进考试招生制度改革,从根本上解决一考定终身的弊端。"以此为指导,在加大对偏远地区的教育投入,促进教育资源均衡配置,放开对异地高考的限制,提高农村学生进入重点高校比例等方面,国家做了很多努力。通过这些努力,国家在政策层面尽力保障公民教育平等的实现。每个公民,无论家庭收入、地域、民族、身份、性别,都能平等地拥有受教育的机会,平等地利用教育资源。

家庭经济困难的学生获得资助的有关政策

普通本科高校,高等职业学校和中等职业学校的家庭经济困难学生可以通过以下途径获得资助:

1. 国家奖学金。用于奖励特别优秀的学生,每年奖励5万名,奖励标准为每生每年8000元。

2. 国家励志奖学金。用于奖励资助品学兼优的家庭经济困难学生,资助面约占全国高校在校生的3%,资助标准为每生每年5000元。

3. 国家助学金。资助面约占在校学生的20%。资助标准为每生每年1500-2000元。

4. 助学贷款。包括国家助学贷款和生源地信用助学贷款。借款学生不需要办理贷款担保或抵押，学生在校期间的利息由财政全部补贴，毕业后的利息由学生和家长（或其他法定监护人）共同承担。

5. 绿色通道。对被录取入学、经济困难的新生，经审核经济困难无法缴纳学杂费用的，批准暂缓缴纳学费，先进入学校学习，然后学校帮助这部分学生通过申请国家助学贷款、勤工助学等方式来解决。

6. 社会奖学金。部分社会企业、团体和个人与高校合作设立，有特定的奖励范围和标准。如中国科学院奖学金、华为奖学金等。

7. 免费教育。从2007年起，对教育部直属师范大学新招收的师范生，实行免费教育。

8. 其他。学校要按照国家有关规定从事业收入中足额提取一定比例的经费，用于学费减免、国家助学贷款风险补偿、勤工助学、校内无息借款、校内奖助学金和特殊困难补助等。

通过这些制度性的规定，平等原则在我国经济生活和政治生活中处处得到了体现。在当代中国，公民之间平等相待，共同参与国家政治生活，平等享有经济发展成果。

4. 能动地创造人生辉煌

平等的实现，需要国家的推动。通过在经济、政治和社会政策等方面的制度设计，国家尽全力破除了阻碍平等的体制机制弊端，保障了所有社会成员参与经济活动和政治生活等方面的平等权利，为每个人的自由发展提供了平等的政策环境，为平等的实现奠定了坚实的基础。

平等观念，需要自觉培育和遵循。平等待人，平等看待社会，是一种人生智慧。平等待人是一种高尚的美德，是一个人内心良好修养的外在表现。懂得尊重他人、理解他人、接纳他人、赏识他人，心怀平等观念，才能发现他人的优点，正视自己的不足，不断学习，不断进步。平等对待生活是一种人生境界，你给了生活什么，生活就会回报给你什么。"海纳百川，有容乃大；壁立千仞，无欲则刚。"要用平和的心态，客观理性地对待各种人和事；要坚持正确的原则，合理处理各种问题。

"孩子，要学会尊重每一个人"

故事发生于美国著名企业"巨象集团"总部大厦楼下的私家花园。

一天，一位中年女人领着一个小男孩走进花园，在一张长椅上坐下来。不远处有一位头发花白的老人正在修剪草坪。

中年妇女似乎很生气地在对小男孩说着什么。忽然，中年女人从随身提包里拿出一团手纸，一甩手将它抛到老人刚修剪过的草坪上面。老人诧异地转过头朝中年女人看了一眼，中年女人满不在乎地看着他。老人什么话也没有说，走过去拿起那团手纸，把它扔进了一旁的垃圾筐里。过了一会儿，中年女人又拿出一团手纸扔了过来。老人再次走过去把那团手纸拾起来扔到筐子里，然后回到原处继续工作。可是，老人刚拿起剪刀，第三团手纸又落在了他眼前的草坪上……

"你看见了吧！"中年女人指了指修剪草坪的老人对男孩大声说道，"我希望你明白，你如果现在不好好上学，将来就跟他一样没出息，只能做这些卑微低贱的工作！如果你好好学习，以后也能在这个大楼里面工作。"

这时候，一名男子走了过来，礼貌地向老人打招呼，老人问他说："这位女士是咱们公司的员工吗？"

"是的，先生。"中年人回答道。

"我现在提议免去她在咱们公司的职务！"老人说。

"好的，我立刻按照您的指示去办！"中年人连声应道。

老人吩咐完后径直朝小男孩走去，他伸手抚摸了一下男孩的头，意味深长地说："孩子，我希望你明白，在这世界上最重要的是要学会尊重每一个人……"说完，老人撇下三人缓缓而去。

中年女人被眼前的事情惊呆了。她认识那个男子，他是公司的一个高级主管。

"你怎么会对这个老园工那么尊敬呢？"她大惑不解地问。

"你说什么？老园工？他是集团总裁！"听到这句话，中年女人一下子瘫坐在长椅上。

人生出彩的机会，需要自己把握。最近北京大学保安队追梦的故事，引起人们的关注。过去20多年里，在学校的鼓励支持下，北大保安队先后有500多名保安考学深造，有的考取大专或本科院校，有的考上重点大学研究生，有的毕业后还当上了大学老师，他们在平凡的岗位上创造了自己的精彩人生。这件事情启示我们：梦在前方，路在脚下，在平等的环境下，我们每一个人只有不断发挥自己的主观能动性，积极主动参与社会生活，奋力拼搏努力进取，才能赢得人生机遇，展现自身价值，创造人生辉煌。

"流自己的汗，吃自己的饭"，用实力赢得未来，赢得属于自己的出彩人生，是一条基本定理，也是永不过时的大智慧。

六、平等：共享人生出彩的机会

1. 你是如何理解平等的？以此为主题写一篇小作文。

2. "平等待人是一种人生智慧"，你赞同这种观点吗？谈谈你的认识。

七、公正：同一片天空同一片土地

我们生活在同一片天空下、同一片土地上，希望承接阳光雨露、风调雨顺，希望享受四季轮回、春华秋实。每个人对公正都有着强烈的渴求。保证人民平等参与、平等发展的权利，维护社会公平正义，是衡量社会文明与进步的重要标尺，也是社会主义制度的本质要求。

1. 公正源于对现实问题纠偏的渴求

公正就是公平正义。"公"强调的是公允、公平、公道，"正"强调的是正派、正直、正确，通常指的是一种待人处事公道正派、不偏不倚的态度。公正包含两个层次，一个是人们的价值评判标准，另一个是社会事物的客观存在状态。

作为价值评判标准，每个人心中都有道德的天平，都能够衡量出公正的价值。无论什么人，都希望在社会中获得他人的公正对待，都希望自己能够在一个公正的社会环境下生活，都希望在碰到不公正的事情时，能够有人仗义执言、见义勇为，能够找到说理的地方。这是我们所有人最朴素的想法。相反，生活在一个不公正的环境里，人们会感到郁闷、无助，进而引发对社会的不满，甚至做出过激的行为，造成社会的不稳定。

作为事物客观存在的状态，公平正义体现为利益平衡的社会属性。坚持公平正义，就是坚持公民在法律面前一律平等，尊重和保障人权，依法保证公民权利和自由，保证全体社会成员平等参与、平等发展，保证权力在阳光下运行，社会各方面利益关系得到妥善协调，人民内部矛盾和其他社会矛盾得到正确处理，发展的成果惠及全体人民。

追求公正是当下民众的强烈呼声。2013年"人民日报微博"做了"我期待"系列调查，对于"让社会更和谐，你最期待"这一问题，选择最多的是"进一步促进社会公平正义"，占到了被调查人数的59%。无独有偶，2014年4月"人民微博"也做了"24字社会主义核心价值观，哪个词最触动你？"的网络调查，尽管到本书付印时调查还未截止，但是从目前大家的选择来看，对"公正"的关注度也是高居首位。

莲发藕生，必定有根。社会公正的实现受经济发展程度的制约。我国现在还处于社会主义初级阶段，尽管经济建设已经取得了举世瞩目的成就，但是我国人口多、底子薄、生产力发展水平不高的现状是客观存在的。在这种情况下，经济社会发展的不平衡等不公正现象不可避免。我国当前存在的社会不公正问题，都是发展中的问题，最终还是需要通过发展来解决。发展是第一要务，也是进一步维护和实现社会公平正义的前提。如果我们脱离了中国国情，在没有做大蛋糕的情况下，空泛地、机械地强调公正，公正就成为无源之水，无根之木，结果也只能是画饼充饥。我们应牢牢抓住经济建设这一中心任务不动摇，努力推动经济社会持续健康发展，把社会财富这块"蛋糕"

做大，为实现社会公正提供更加坚实的物质基础，同时也要兼顾公平，更合理地"切好蛋糕"。

改革开放之初，为迅速打破平均主义吃"大锅饭"的低效率局面，我们提出了"效率优先，兼顾公平"的原则。随着经济的发展，政府对公平问题越来越重视，从"初次分配注重效率，再分配注重公平"，到2010年9月，胡锦涛同志在第五届APEC人力资源开发部长级会议上的致辞中指出："我们应该坚持社会公平正义，着力促进

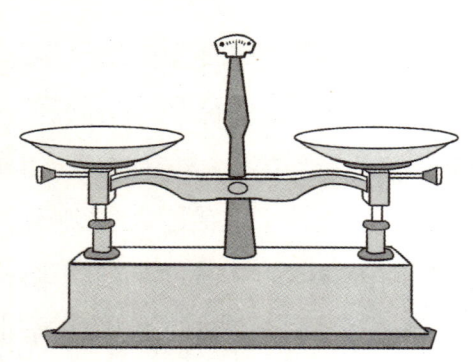

人人平等获得发展机会，逐步建立以权利公平、机会公平、规则公平、分配公平为主要内容的社会公平保障体系，不断消除人民参与经济发展、分享经济发展成果方面的障碍。"表明了我们国家对公平正义问题的认识随着经济社会的发展而逐步深化。现阶段，国家越来越关注公平，出台的政策越来越多，推行的力度越来越大。从2003年启动新型农村合作医疗，到2007年启动城镇居民医疗保险，再到2008年在全国推开。短短5年时间，城乡居民医疗保障制度从无到有、从局部到整体，完成了全覆盖。这项制度改革，使城乡居民享受到了平等的医疗保障，是促进公平正义的一个重要实例。

担负着推进社会公平正义重要职责的社会政策，本身属于国家上层建筑的组成部分，其制定必然要与经济基础相适应，与整个社会发展的现实状况相适应。但是，在操作层面，由于政策要植根于现实社会的发展，来源于实践，又反过来规范指导实践，所以政策的制定与推出，有时是落后于社会发展现状的，更是落后于人们心理预期的，

七、公正：同一片天空同一片土地

这也是我们不断推进改革的原因。就像交通规则的不断完善一样，没有汽车等现代交通工具的时代，社会上没有交通规则。在路上汽车不多的时候，交通规则并不详细，人们对交通规则重要性的认识也并不到位。随着汽车和行人的增多，交通规则越来越完善细化。同样，社会政策也需要经历一个逐步完善、逐渐系统化的过程。要求我们的各项政策都一步到位，是不科学的，也是不现实的。

民众对公正的关注源于社会不公正问题的客观存在。因为社会客观地存在着不同的阶层，因为我们社会发展的区域性、行业性的不平衡，因为我们的制度设计面临着转型时期的严峻挑战，需要在与时俱进的实践中不断发展完善，所以，社会不公平现象的确存在，在一些地方和领域还表现得很严重。比方说，仅仅由于身份的差异，同工不同酬、同城不同命的现象时有发生，不同的人在收入、教育、医疗、就业、社会保障等方面的待遇有较大差别。2013年元旦过后，网上一则关于浙江某市公证处主任年薪超百万的新闻引来众多网友围观。后经当地查明，该市公证处主任2011年税后收入为62.6万元，而该单位的合同工年收入人均只有四五万元，不到在编人员的十分之一。许多网友在"羡慕嫉妒"天价工资的同时，更"恨"的是同工不同酬。

事不公则心不平，心不平则气不顺，气不顺则难和谐。通过三十多年的改革，我们已经站在了经济社会发展的新平台之上，当前一个时期，既是发展的新起点，也是解决社会公正问题的关键点，我们要正视问题，解决问题，回应民众对现实问题纠偏的渴求。党的十八届三中全会推出的全面深化改革的举措，以实现社会公平正义和人民福祉为目的，顺应了广大人民群众的意愿，是中国最高管理层责任担当的自觉体现。

 政策链接

《中共中央关于全面深化改革若干重大问题的决定》指出"坚持社会主义市场经济改革方向,以促进社会公平正义、增进人民福祉为出发点和落脚点,进一步解放思想、解放和发展社会生产力、解放和增强社会活力,坚决破除各方面体制机制弊端,努力开拓中国特色社会主义事业更加广阔的前景。"

2. 公正需要社会治理的保障

公正的实现需要社会各方面的共同努力。实现社会公正是一个长期的、渐进的过程,政府、市场和个人等都要积极参与进来,通过创新社会治理方式,构建覆盖全面、保障完善的制度体系。

十八届三中全会的《决定》指出:"紧紧围绕更好保障和改善民生,促进社会公平正义,深化社会体制改革,改革收入分配制度,促进共同富裕,推进社会领域制度创新,推进基本公共服务均等化,加快形成科学有效的社会治理体制,确保社会既充满活力又和谐有序。"近年来,我国在社会政策方面已经做了很多的努力,例如,截至2014年2月,城镇职工基本养老、城镇基本医疗、失业、工伤、生育五项保险参保人数分别达到32258万人、57902万人、16327万人、19672万人、16285万人,参加城乡居民基本养老保险的人数达到49645万人。随着新型城镇化的逐步推进,户籍制度改革、城镇基本公共服务常住人口全覆盖等维护社会公平的各项政策正逐步落到实处。

七、公正：同一片天空同一片土地

发改委：将从5方面推进城镇化　实施差别化落户

"当前和今后的一段时期，将推进包括人口、土地、资金、住房、生态保护等5个方面的改革。"国家发改委主任徐绍史2014年4月1日表示，改革开放以来的快速城镇化，积累的矛盾问题日益凸显，走中国新型城镇化之路，涉及多方面的体制机制创新。

徐绍史表示，有序推进农业转移人口市民化，同时促进有能力在城镇稳定就业和生活的常住人口有序实现市民化，允许不同规模的城市实施差别化的落户政策；对未能落户的城镇常住人口，通过实施居住证制度，建立健全与居住年限等条件相挂钩的基本公共服务提供机制，努力实现城镇基本公共服务覆盖全部城镇常住人口，建设覆盖全国安全可靠的国家人口综合信息库和信息交换平台。

实现公平正义要充分发挥市场机制的作用。无论是从世界各国的经验还是我国的现实来看，政府提供的服务首先是基本公共服务，通过服务的最广泛覆盖和推动服务均等化来让广大群众享受到发展的成果。在其他服务方面，则应充分发挥市场的作用。要达成"努力为社会提供多样化服务，更好满足人民需求"的目标，市场的参与是不可或缺的。实际上，很多市场主体作为公共服务的提供者，在居家养老等服务方面已经做了有效的尝试，取得了良好的效果。例如，山东省政府就决定着眼于建设以居家为基础、社区为依托、机构为支撑的社会养老服务体系，且逐年加大政策扶持力度，省政府决定在2013—2015年期间，每年投入不少于10亿元专项资金，用于支持社会养老服务体系建设。政府购买公共服务的方式，既能够弥补政府服务的缺失，也能够调动市场主体的积极性。市场主体参与社会治理，在保障社会公平的同时，扩大就业，创造新的经济增长点，实现"改革成果更多更好地惠及人民群众"。

对个人而言，树立维护公正的意识尤其重要。在遇到不公正现象时，要敢于仗义执言，见义勇为。当前社会上不断涌现的见义勇为者，无论是车流中舍身救人的"最美女孩"刁娜，还是舍身勇救落水者的沈星，还是勇斗抢劫犯的"温州群侠"……他们都为社会的公平正义传递了积极向上的正能量。针对当前一些见义勇为者反而陷入法律困境的现象，很多地方也出台了相关规定。例如，深圳市就于2013年8月1日起实施了《深圳经济特区救助人权益保护规定》。

《深圳经济特区救助人权益保护规定》是国内首部保护救助人行为的专门立法。其中第三条规定：被救助人主张其人身损害是由救助人造成的，应当提供证据予以证明。没有证据或者证据不足以证明其主张的，依法由被救助人承担不利后果。

实现社会公正，要靠道德的引领，更要靠制度的设计和推动。由于经济社会发展水平等因素的影响，我国当前的社会公平保障体系还不健全。党的十八大报告提出，要加紧建设对社会公平具有重大作用的制度，逐步建立以权利公平、机会公平、规则公平为主要内容的社会公平保障体系，为在制度层面推进社会公平正义明确了目标任务。

保障权利公平。在现代社会，一个人生来就应该具备生存权、社会保障权和受教育权等基本权利。这些基本权利不因人们出身、职业、财富等条件的不同而有所区别。权利公平是社会公平的基础。近

些年来,中央采取了一系列切实有效的措施,努力保障每一位公民平等享有公民权利。如取消交通事故伤亡赔偿的城乡居民不同待遇;实现城乡按相同人口比例选举

> 我们应该坚持社会公平正义,着力促进人人平等获得发展机会,逐步建立以权利公平、机会公平、规则公平、分配公平为主要内容的社会公平保障体系,不断消除人民参与经济发展、分享经济发展成果方面的障碍。——胡锦涛

人大代表等,在很大程度上保障了权利公平。

保障机会公平。市场经济条件下,能力有高低,结果会不同,但机会公平了,心态才能平和。2012年,浙江卫视的《中国好声音》节目风靡大江南北,吸引了无数观众的眼球。该节目之所以如此让人痴迷,一个很重要的原因就是以"听音不看人"的方式公平地选拔歌手,让那些原本名不见经传的"草根"歌手,凭自己的实力,脱颖而出。

机会决定了人的命运。如果一个社会无法做到机会公平,个人纵然有再大的本领,也无济于事。2008年1月1日起施行的《中华人民共和国就业促进法》是一部保障机会公平的重要法律,其中规定:用人单位招用人员,应向劳动者提供平等的就业机会和公平的就业条件,不得实施就业歧视。只有破除各种歧视,实现机会公平,个人努力才有更好的前景,奋斗才能更有动力,梦想才能真正起飞,社会才能进步,不同阶层之间才能找到共识。

保障规则公平。任何一个社会都需要有一套规则来保证运行,而公平正义则应是这套规则的核心。实现规则公平,一方面要健全新规则。比如,我国公务员"逢进必考"的规则,堵上了过去种种不正当的门路，"公考"成为大家都认可的、体现公平竞争原则的人才选拔方式。数据显示，近几年来，中央和国家机关新录用公务员大约九成来自非公务员普通家庭。另一方面要清除不公平的旧规则。例如，2013年12月28日，全国人大常委会通过了废止劳动教养制度的决定，这一制度的废止，顺应了民意，是我国保障人权、维护公正的一个重要里程碑。

3. 公正的守卫底线是法律

法律是守卫公平正义的最后一道防线。正如习近平总书记所强调的那样，"法律面前人人平等，坚决捍卫法律尊严，坚决维护司法公正，是最大的也是最直接的公平正义。"

在现实生活中，人们在碰到双方或多方协商解决不了的问题时，往往会诉诸法律，之所以选择这一途径，是因为我们相信法律是公正的，通过法律手段我们能够保障自己的权益。

法律在惩恶扬善、维护社会公正、引领社会风尚、传递社会正能量等方面发挥着重要作用。英国思想家培根曾经说过："一次不公正的裁判比多起不公平的举动为祸尤烈。因为后者只是弄脏了水，而前者则是把水源给败坏了。"2006年11月20日，南京老太太徐某某在公交车站摔倒，彭宇上前搀扶、联系老太太家人并将其送至医院。事后，徐老太认为彭宇将其撞倒并向彭宇索赔，彭宇则说自己没有碰到老太太，而是见义勇为。双方争执不下，对簿公堂。南京鼓楼区人民法院一审判决彭宇给付老太太损失的40%。尽管在二审中双方达成了调解，一审中的责任人也已经受到处理，但是该案件的一审判决已经在社会上造成了强烈的影响，引发了人们对见到老人倒地，到底

七、公正：同一片天空同一片土地

"扶不扶"的争论。时间过去了将近十年，这一案件的影响依然没有消散。南京市政法委书记刘志伟在2012年接受采访时表示："'彭宇案'的负面效应，是许多当事者始料不及的。作为政法部门应引以为戒，深刻反思和汲取教训，努力提高司法办案水平，营造良好的社会道德环境。"

法律的公正性和生命力在于实施。我国现在已经形成了相对完备的法律体系，为司法公正的实现打下了良好的基础。但是，有法不依或者以权代法的案例还时有发生，影响了法律的公正性。严格执法、公正司法，"要让老百姓从每一个司法案件中感受到公平正义"，是司法机关的职责所在。"司法是公正的艺术"，人民群众相信法律、认可司法权威，不仅靠宣传和引导，还要靠一个个具体的、公正的办案实践。从这个意义上讲，法律的力量在于公正，执法的力量也在于公正。

法国思想家卢梭曾经说过："法律既不是铭刻在大理石上，也不是铭刻在铜表上，而是铭刻在公民的心里。"真正全面地践行法律，需要人人敬畏法律，在心底把法律视为永不可逾越的红线。此外还应提高依法维护自身权益的能力，善于运用诉讼、行政复议等合法手段，防止在维权的同时违法。

4. 公平正义是中国特色社会主义的内在要求

公平正义是人类孜孜以求的社会理想，建设一个公平正义的社会，历来为中华民族也为世界各个民族所追求。"大道之行，天下为公……老有所终，壮有所用，幼有所长，鳏寡孤独废疾者，皆有所养"是《礼记·礼运》对大同世界的向往；"去人之私产"、"无国

之争"、"人皆有乐而无忧",是康有为在《大同书》中的描述;"天下为公",是孙中山先生的美好愿望;建立人人平等、个个自由的公正社会,则是以圣西门、傅立叶和欧文为代表的空想社会主义者的梦境。然而,由于种种原因,这些设想都未能实现。

社会主义是在资本主义的道义废墟中孕育生长的,它从诞生之日起,就占据着公平正义的制高点。从一定意义上讲,公平正义是社会主义的代名词,没有对公平正义的追求就没有社会主义。正是由于资本主义的不公平,激发了人们对公平正义的未来社会——社会主义、共产主义社会的向往,使社会主义成为劳动人民推翻资本主义的强大精神动力。

公平正义,是中国共产党的一贯主张,是中国特色社会主义的内在要求。我们党领导人民干革命、搞改革,就是为了建设一个公平正义的社会,让人民在公正的环境下,自由地发展。作为用马克思主义武装起来的先进政党,中国共产党从成立起就坚持把科学社会主义基本原则同我国实际和时代特征相结合,与时俱进,坚持探索并最终找到了实现社会公正的可行之路,这就是经由新民主主义革命、社会主义革命和建设,建设中国特色社会主义的"中国道路"。毛泽东同志曾说:"康有为写了《大同书》,他没有也不可能找到一条到达大同的路。共产党人则找到了这条路。"

新中国的成立和社会主义基本制度的建立,为实现社会公正提供了政治前提和制度基础。邓小平指出,社会主义的本质是"解放生产力,发展生产力,消灭剥削,消除两极分化,最终实现共同富裕"。坚持共同富裕,就是要求生产发展的成果能够为全体人民共享,就是要求公平。"如果富的愈来愈富,穷的愈来愈穷,两极分化就会产生,而社会主义制度就应该而且能够避免两极分化。"贫穷不

七、公正：同一片天空同一片土地

是社会主义，两极分化也不是社会主义。不解决公平问题，不谋求共同富裕，牺牲广大劳动人民的利益，社会主义也会日渐丧失资格。所以，共同富裕、公平正义是社会主义本质的必然要求和体现。

从我国改革开放30多年的发展历程来看，我们在追求、维护、发展社会公正的实践中，取得了巨大的成绩。我们的社会生产力得到极大发展，社会财富得到极大丰富，为实现社会的公平正义创造了必要的物质条件和社会环境；我们恢复了高考制度，建立了公务员队伍和事业编制人员的考入机制，实现了机会的均等；我们建立了社会主义的法制体系，保障了社会主义市场经济有序稳健的发展和社会的稳定和谐。我们实行了一系列的重大政策，比如免除农业税，实行种粮补贴，建立新型农村合作医疗制度，实行真正意义上的九年义务教育，进行新农村建设，统筹城乡发展。比如加大对老少边穷地区的政策扶持力度，转移财政支付，强化这些地区的基础设施建设，优化发展环境，统筹区域发展。比如加大反腐倡廉的组织监督、社会监督、舆论监督力度，增强社会透明度和对腐败分子的惩处力度等等，都极大地维护、发展了社会的公平正义，促进了社会的发展。

> 我们推进改革的根本目的，是要让国家变得更加富强、让社会变得更加公平正义、让人民生活得更加美好。
> ——习近平

当然，在社会转型时期的发展过程中，在实现社会公平正义的实践中，我们还存在着不少的问题需要解决。在一些地区一些领域，一些问题表现得还很突出。现实生活中，大家经常耳闻目睹的城乡差别、地域差距、行业垄断、贫富悬殊和权力寻租、潜规则流行以及上学难、就业难、就医难、住房难等问题，都是我们在社会治理中应当

加以解决的。社会对公平正义关注度的增强，本身是社会渴望进步的驱动所致，是社会走向文明的体现，也是对党和政府履行工作责任的要求。我们要以法律为底线，创新社会治理方式，构建合理、全面的制度体系，充分发挥各种主体的作用，回应人民群众对公正的诉求，让公正之花在阳光下灿烂地绽放。

公正是照亮社会的阳光，它给人温暖、给人力量。公平正义的内涵，随着社会进步而不断变化和丰富。公平正义只有目标，没有终点。只要我们共同努力，携手共建一个规则严明、风清气正的社会环境，我们每个人一定能凭借实力赢得未来，赢得属于自己的美好人生。

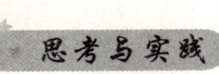

1. 生活中，你有没有碰到不公正的事情，你是怎么看待和处理的呢？

2. 公平需要综合治理。该如何为社会公平做出自己的贡献？

八、法治：当圆则规　当方则矩

"无以规矩，不成方圆"。法律是维护社会公平正义的底线，是惩恶扬善的有力武器。法治是指依据法律来管理、治理社会，是治国理政的基本方略。法治是政治文明发展到一定历史阶段的标志，凝结着人类智慧，体现着公平正义的精神，为各国人民所向往和追求。

1. 法治是人类政治文明的重要成果

法治是与"人治"相对立的一种治国方略和社会治理方式。法治是指依法而治，依靠的是法律的理性和权威，强调法律在国家和社会治理中的至上地位。"人治"是指依人而治，依靠的是掌权者的智慧和权威，强调掌权者的绝对权力。

法治是政治文明发展到一定历史阶段的标志，是人类政治文明的重要成果。纵观整个人类文明史，从蒙昧、野蛮走向文明的漫长历程中，法治是与政治文明的发展紧密联系在一起的。在西方，首先提出法治思想的是古希腊思想家亚里士多德，他曾经说过："法治应包含两重意义，已成立的法律获得普遍的服从，而大家服从的法律本身又应该是制定的良好的法律。"在奴隶制国家和封建国家实行的是君主个人独裁,国君以言代法,有法律而无法治,是一种人治。

西方资产阶级革命时期,启蒙思想家提出用法治取代人治,通过弘扬法治理念来反对封建专制。英国思想家洛克认为,应当以"正式公布的既定的法律来进行统治,这些法律不论贫富,无论权威和庄稼人都是一视同仁,并不因特殊情况而有出入"。随着资产阶级革命的胜利,法治作为一种治国方式,在西方资本主义国家逐步确立。世界上第一部成文宪法1787年《美国宪法》以及1804年《法国民法典》的颁布,标志着法治观念在西方国家由理想变为现实,由观念上升为制度。

中国是世界上最早出现法律的国家之一。在4000多年前的西周时期,中国就已经出现了法律,根据《左传》的记载,"夏有乱政,而作禹刑;商有乱政,而作汤刑;周有乱政,而作九刑。"春秋时期的孔子在《论语》中指出:"道之以政,齐之以刑。"战国时期,思想活跃,百家争鸣,形成了对后世影响巨大的法家学派。韩非子作为法家的代表人物,提出了"以法为本"、"治强生于法"的思想。此后历朝历代也都有各自的法律,比如《魏律》、《晋律》、《唐律》、《大明律》、《大清律》等。经过几千年来历史的传承,在普通民众心中,已经具备了朴素的法治理念,例如碰到不公平的事情,要"找地方说理"等,但是在封建专制条件下,国家统治没有摆脱人治的局限,法律只是封建专制的一种手段。

建国以来,在党的领导下,我国逐步走上了建设社会主义法治国家的道路。1954年第一届全国人民代表大会通过并实施的《中华人民共和国宪法》,以及随后制定的有关法律,规定了国家的政治制度、经济制度和公民的权利与自由、责任与义务,规范了国家机关的组织和职权,确立了国家法制的基本原则,初步奠定了我国法治建设的基

八、法治：当圆则规 当方则矩

础。改革开放以来，我国的法治建设进程明显加快。党的十五大确立了"依法治国"的基本方略。党的十六大报告指出："发展社会主义民主政治，建设社会主义政治文明，是全面建设小康社会的重要目标。"党的十七大提出要加快建设社会主义法治国家。党的十八大报告中提出要全面推进依法治国，并且第一次明确指出法治是治国理政的基本方式。随着改革的全面深化，我国治国理政的方式将得到进一步完善，在依法治国基本方略的指导下，通过创新社会治理体制，动员各种社会主体共同参与，推进法治中国建设。

法治是法律权威的体现，是对法律面前人人平等原则的弘扬，是一种进步的治国方式，是一种更高层次的政治文明。江泽民指出："法治属于政治建设，属于政治文明；德治属于思想建设，属于精神文明。"政治文明是人类政治生活的进步状态，是人类政治智慧的结晶。各个国家和民族历史文化背景不同，政治文明的发展路径和最终形成的政治文明形态会存在差别，作为政治文明重要组成部分的法治也有自己的特征。张维为教授在《中国震撼》一书中曾经指出，中国是一个文明型国家。超大型的人口规模，超广阔的疆域国土，超悠久的历史传统，超丰富的文化积淀，独特的语言，独特的社会，独特的经济和独特的政治，这是中国文明型国家的几个特征。这些独有的特征决定了我国的政治文明和法治进程必然具有自己的特点。因此，建设法治中国，必须立足于我国政治文明的特性，同时借鉴世界各国的有益经验，因地制宜，创新发展。

2. 法律的权威在于实施

依法治国是党领导人民治国理政的基本方略，是实现社会和谐稳定、国家长治久安的重要保障。依法治国是指党领导人民依照法律管理国家事务，管理经济和文化事业，管理社会事务。在依法治国的主要内容中，有法可依指的是国家要完善中国特色社会主义法律体系，加强重点领域立法，拓展人民有序参与立法途径。有法必依指的是国家机关、公职人员和公民在从事工作和日常活动的时候要以宪法和法律作为准则。执法必严指的是国家的一切行政机关和检察、审判机关的行为，必须有法律上的根据，不得超出法律规定的范围。违法必究是指任何组织或者个人都不得有超越宪法和法律的特权，绝不允许以言代法、以权压法、徇私枉法。

改革开放30多年来，我国的立法工作取得了举世瞩目的巨大成就。截至2012年底，中国已制定现行宪法和有效法律共243件、行政法规721件、地方性法规9000多件，涵盖社会关系的各个方面。一个立足中国国情和实际、适应改革开放和社会主义现代化建设需要、集中体现党和人民意志的，以宪法为统帅，以宪法相关法、民法、商法等多个法律部门的法律为主干，由法律、行政法规、地方性法规等多个层次的法律规范构成的中国特色社会主义法律体系已经形成。

"法令行则国治，法令弛则国乱。"法律的权威和生命力在于实施。中国特色社会主义法律体系的形成，总体上解决了有法可依的问题。在这种情况下，有法必依、执法必严、违法必究的问题就显得更为突出、更加紧迫。十八届三中全会《决定》指出："建设法治中国，必须坚持依法治国、依法执政、依法行政共同推进，坚持法治国

八、法治：当圆则规 当方则矩

家、法治政府、法治社会一体建设。"

宪法是国家的根本大法，是治国安邦的总章程。在中国特色社会主义法律体系中，宪法居于核心和统帅地位，具有最高的法律效力。习近平指出："依法治国，首先是依宪治国；依法执政，关键是依宪执政。"中国现行宪法是在1954年宪法的基础上，经过修订，于1982年由第五届全国人民代表大会第五次会议通过的，此后又于1988年、1993年、1999年和2004年分别进行了修改。我国各族人民、一切国家机关和武装力量、各政党和各社会团体、各企业事业组织，都必须以宪法为根本的活动准则，并负有维护宪法尊严、保证宪法实施的职责。

依宪治国，就是通过树立宪法的权威，保障公民的基本权利。我国现在正处于经济社会的快速转型时期，在进行社会治理的过程中，必然会碰到一系列的新情况和新问题。其中有许多问题，现行的法律还没有做出有针对性的规定，还有一些规定存在与宪法原则相抵触的部分。以宪法为基础，是处理相关问题、修改或废止原有不合理的法规，保障相关人员的基本权利的遵循。

依宪治国，还应在全社会培养宪法意识和法治思维。中国几千年来的传统文化，既给我们留下了宝贵的精神财富，也给我们留下了一定的精神包袱。邓小平指出："旧中国留给我们的，封建专制传统比较多，民主法制传统很少。"受我国封建专制思想的影响，很多人在参与、处理社会事务时，习惯唯上唯权思维，习惯跑关系托门子的人情思维，一事当前，就把法律、法治放到了一边，忘到了脑后。在日常生活中，人们的学法、守法、用法意识与形势的发展要求还有差距，个别公职人员知法犯法、执法犯法甚至徇私枉法的现象依然存在。破除这些同现代政治文明不相符的旧观念，治理这些司法实践中存在的问题，任重道远，时不我待。

"天下之事，不难于立法，而难于法之必行。"依法行政，依法执政，建设法治政府，是建设法治中国的重要内容。习近平指出："行政机关是实施法律法规的重要主体，要带头严格执法，维护公共利益、人民权益和社会秩序。各级领导机关和领导干部要提高运用法治思维和法治方式的能力，努力以法治凝聚改革共识、规范发展行为、促进矛盾化解、保障社会和谐。"我国大约80%的法律，90%的地方性法规和几乎所有的行政法规都是由行政机关执行的。近年来，各级行政机关以《全面推进依法行政实施纲要》为指导，积极推进依法行政，行政执法水平有了很大程度的提高。但一些乱执法、粗暴执法和违反执法程序的现象在某些地方还依然存在，有些事件经过网络的传播和发酵，对政府形象和公信力造成了一定的影响。

十八届三中全会《决定》指出："整合执法主体，相对集中执法权，推进综合执法，着力解决权责交叉、多头执法问题，建立权责统一、权威高效的行政执法体制。"2014年，我国在2008年改革的基础上继续推进大部制改革，国务院组成部门由原来的27个减少到18个，整合了行政主体。近几年，国家每年都出台《国务院关于废止和修改部分行政法规的决定》。从2011年至今，已经废止了15件行政法规，并对145件行政法规进行了修改。这些法规的废止或修改，从机制上破除了阻碍依法行政的弊端，进一步明确了各部门的权责，是依法行政的依据，是对依法行政的有力推动。

2003年，我国通过了《城市生活无着的流浪乞讨人员救助管理

办法》，同时废止了《城市流浪乞讨人员收容遣送办法》。新办法规定，县级以上各级政府根据需要设立流浪乞讨人员救助站，将原来的收容遣送变为社会救助。新办法的实施，保障了流浪乞讨人员的公民权利和基本生活权益，充分体现了以人为本和人文关怀。

3. 让人民群众在每一个案件之中都感受到公平正义

建设法治中国，要推动司法公正。司法是民众保障自身权益的重要手段，也是维护社会公平正义的最后一道防线。司法的公平正义，是通过一个个具体案件体现出来的。民众往往会依据具体个案的处理结果对司法做出是否公正的评价。个别司法案件的不公，会影响法律的公信力，进而影响到政府的公信力。最高人民法院院长周强指出："司法裁判中万分之一的失误，对涉案当事人也是百分之百的伤害。"保证每一个案件的公平公正，是维护民众权益，提升司法权威，保障法律公信力的重要抓手。十八届三中全会决定指出："深化司法体制改革，加快建设公正高效权威的社会主义司法制度，维护人民权益，让人民群众在每一个司法案件中都感受到公平正义。"

推动阳光司法，提高司法透明度，是促进司法公正的有力举措。有一句法律谚语说道："正义不仅要实现，而且应当以人们看得见的方式实现。"随着互联网的发展，网络成为人们了解信息的重要渠道。2013年以来，一系列备受社会各界关注的大案要案、热点案件，或微博直播庭审（如薄熙来案）、或公开审判（如刘汉案）、或裁判文书网上公开，都产生了巨大的社会影响，必将对我国的法治进程产生重要影响。透过这些案例的审判，人们切实感受到了我国司法的透明度。最高人民法院在庭审公开的基础上，强调要推进审判流程公开、裁判文书公开、执行信息公开三大平台建设，以公开促公信，以透明促公正。2013年7月《最高人民法院裁判文书上网公布暂行办法》正式开始实施。办法规定，除法律有特殊规定的以外，生效裁判文书将全部在中国裁判文书网予以公布。2013年，最高人民法院上网公布生效裁判文书3858份，地方各级法院上网公布生效裁判文书164.6万份。假释和减刑等程序由于缺乏透明度和公开性，往往引发民众对司法公正的质疑。十八届三中全会《决定》指出："严格规范减刑、假释、保外就医程序，强化监督制度。"从2014年1月起，广州中院在全国率先对审理的减刑、假释案件进行了网上公示及裁判文书公开。通过网上公示，既有利于预防司法腐败，又有利于民众获取官方信息，对于破除谣言，维护司法机关的权威具有积极的作用。

防止和纠正冤假错案是维护司法公正、切实保障人权的重要内容。错案的产生，既有体制机制方面的原因，也有办案理念、能力等方面的原因。十八届三中全会《决定》指出："健全错案防止、纠正、责任追究机制。"2013年，司法机关本着以事实为依据，以法律为准绳的原则，深查严究，纠正了一批冤假错案。在检察官张飚的不懈努力下，浙江高院再审"张氏叔侄强奸杀人案"，并宣告张辉、张高平无罪，被羁押已近10年的叔侄被当庭释放；河南李怀亮涉嫌故意杀人案在平顶山中院再审宣判，被羁押近12年后，李怀亮重获自由；浙

八、法治：当圆则规　当方则矩

江高院再审宣判18年前萧山抢劫致死案，陈建阳等5名被告人罪名不成立。这些案件的平反和责任追究，体现了法治的进步，彰显了"正义可能会迟到，但是永远不会缺席"的道理。2013年，各级检察机关对侦查机关不应该立案而立案的，督促撤案25211件；对滥用强制措施、违法取证、刑讯逼供等侦查活动违法情形，提出纠正意见72370件。

完善司法人权保障制度，是十八届三中全会提出的一项重要改革举措。《决定》指出："国家尊重和保障人权。……严禁刑讯逼供、体罚虐待，严格实行非法证据排除规则。"2013年12月28日，全国人大通过了关于废止有关劳动教养法律规定的决定，这意味着已实施50多年的劳教制度被依法废止。国家将通过完善和健全社区矫正制度等方式对部分违法人员的违法行为进行矫正。社区矫正是依照法律规定，把经过判决进行管制、宣告缓刑、假释和被暂予监外执行的轻刑犯、短刑犯，放到社会上进行矫正。通过让犯罪人员回归家庭，回归社会的方式，矫正他们的行为，预防犯罪的发生。我国从2003年开始进行社区矫正试点工作，2005年扩大试点，2009年全面试行。截至2013年10月底，各地累计接收社区服刑人员166.5万人，累计解除矫正100.7万人，社区服刑人员矫正期间再犯罪率仅为0.2%。

法律援助制度是司法人权保障的重要方式。法律援助制度是为了保障困难群众的合法权益，由政府设立法律援助机构，为经济困难或特殊刑事案件的人提供无偿法律服务的一项法律制度，它是国家司法制度的组成部分，也是维护司法公正的重要环节。自2003年国务院颁布《法律援助条例》，建立法律援助制度以来，我国法律援助工作取得了不俗的成绩。2012年新修订的《刑事诉讼法》进一步扩大了法律援助的适用范围，强化了法律援助在刑事司法体系中的地位和作用。截至2013年底，我国设立法律援助机构3693个，工作人员总数达到1.4

万人；已经有91.7%的地方政府将法律援助经费纳入财政预算。据统计，近5年来，全国法律援助共办理案件378万宗，提供法律咨询2514万人次。法律援助政策的实施，使这些受援群众没有因为经济困难而被挡在法律的大门之外，维护了困难群众和特殊群体的合法权益，在司法公正和保障人权方面发挥了重要作用。

2014年1月，在中央政法工作会议上，习近平指出："政法战线的同志要肩扛公正天平、手持正义之剑，以实际行动维护社会公平正义，让人民群众切实感受到公平正义就在身边。要重点解决好损害群众权益的突出问题，决不允许对群众的报警求助置之不理，决不允许让普通群众打不起官司，决不允许滥用权力侵犯群众合法权益，决不允许执法犯法造成冤假错案。"四个"决不允许"，回应了人民群众对司法公正的期待；一系列相关体制机制的完善，体现了党和国家推进建设法治国家、法治政府、法治社会的坚定意志，为法治中国建设矗立起最坚强有力的柱石。

维护司法公正、建设法治中国是中国梦不可或缺的重要内容。随着制度的不断完善，政策的不断推行，在建设法治中国、实现中国梦的征程上，我们每一个人都将越来越深刻地感受到法治的脉搏，体会到法治的力量。

思考与实践

1．"法令行则国治，法令弛则国乱。"如何理解法律的权威和生命力在于实施？

2．从学法、守法、用法三个方面，谈谈你对建设法治国家的理解。

九、爱国：位卑未敢忘忧国

"病骨支离纱帽宽，孤臣万里客江干。位卑未敢忘忧国，事定犹须待阖棺。天地神灵扶庙社，京华父老望和銮。出师一表通今古，夜半挑灯更细看。"这是宋代陆游的《病起书怀》诗，表达了作者忧国忧民，杀敌报国的爱国情怀。

从个体层面讲，爱国是一个人对祖国的一种诚挚的情感，是每个公民应该具备的基本道德素养；从社会层面上讲，爱国是所有民族最高情感的表达。爱国表现为对祖国大好河山、自己骨肉同胞、祖国灿烂文化和家乡故土的深深眷顾与依恋。每个人都要自觉维护国家的尊严和形象，维护国家主权和领土的完整。爱国还要包容担当，理性表达，为国家建设贡献自己的力量。

1. 爱国是所有民族的最高情感表达

人们对祖国的深厚情感，最早萌芽于原始社会时期部落成员对氏族部落共同体的依恋和眷恋。这种情感伴随民族、国家的形成，伴随世世代代、祖祖辈辈的情感累积，发展和巩固成为一种对祖国真挚而深厚的爱。

爱国是世界各个国家和民族情感永恒的主题。没有哪个国家，哪个民族是不提倡爱国的。即使是标榜自由的美国，也始终不遗余力地宣扬爱国理念。美国前总统肯尼迪说过"不要问国家能为你做些什么，要问你能为国家做些什么"，这话成为美国人推崇备至的至理名言。美国举行国家庆典时，人人都要背诵"我爱这个国家，保卫这个国家"的誓词。俄罗斯每隔五年就要专门修订颁布《爱国主义教育国家纲要》，引导人们坚定热爱祖国的决心和信心。法国中小学也开设了爱国主义课程，法国作家都德的《最后一课》，已经成为世界文学史上弘扬爱国主义的不朽篇章。波兰著名的钢琴家肖邦，因为祖国战乱，被迫远走他乡。弥留之际，肖邦紧紧握着姐姐的手说："我死后，请把我的心脏带回去，我要长眠在祖国的地下。"肖邦弥留之际的请求是他灵魂深处的呐喊，是他爱国情怀至极的表现。法国人民心中的自由女神圣女贞德曾经说过"为了法兰西，我视死如归！"在反抗英军的斗争中，贞德被俘，被处以火刑，年仅十九岁……

> 热爱祖国，这是一种最纯洁、最敏锐、最高尚、最强烈、最温柔、最有情、最温存、最严酷的感情。一个真正热爱祖国的人，在各个方面都是一个真正的人。
> ——苏霍姆林斯基

可以说，爱国是对祖国最纯洁、最高尚、最神圣、最炽热的感情，是所有民族最高情感的表达。

爱国，作为我们中华民族的优秀传统，源远流长。千百年来，以爱国主义为核心的中华民族精神生生不息、薪火相传，使爱国之情深深地根植于祖国辽阔的土地上，根植于人们的心坎里。一代又一代人

九、爱国：位卑未敢忘忧国

用自己的心血和汗水去培育它，使它成为一种最基本的国民心态，成为一种最深厚的情感。

正是这种浓厚的感情，庇佑着中华文明从5000年前一直延续至今，使得中华民族在历史发展的长河中，外敌打不垮、内乱拖不垮、天灾摧不垮；使得中华河山得以存在、拓展而不被吞噬。使中国成为世界上文明史延续最长、地域宽广、人口最多、民族较多的传统国家。

爱国是一个历史的范畴，在社会发展的不同阶段、不同时期有着不同的内容。

爱国的初始形态主要源自于"大统一"的观念，表现为古代社会的忠君意识和民族意识。岳飞"精忠报国"的动人故事，陆游"位卑未敢忘忧国"的赤子情怀，于谦"一寸丹心图报国，两行清泪为思亲"的壮志豪情……都是古代爱国精神的真实写照。明清时期，我国人民在抗击东洋、西洋侵略者方面，更显示出浓厚的爱国主义精神。明将戚继光，"一年三百六十日，多是横戈马上行"，历经10年的征战，终于扫清了东南沿海的倭患，使人民安居乐业。民族英雄郑成功，率军收复台湾，赶走了荷兰殖民者，使沦陷了38年的宝岛又回到了祖国的怀抱。

在近代，尤其是新民主主义革命时期，爱国表现为推翻帝国主义、封建主义和官僚资本主义反动统治的斗争，把黑暗的旧中国改造成光明的新中国。中华儿女以实现民族独立、人民解放

江竹筠

李大钊

刘胡兰

为使命，表现出了崇高的爱国热情。方志敏、李大钊、夏明翰、赵一曼、杨靖宇、江竹筠、刘胡兰……无数的革命先辈为了祖国和人民的解放事业，献出了宝贵的生命。在抗日战争最艰难的时刻，毛泽东就曾自信地指出："我们中华民族有同自己的敌人血战到底的气概，有在自力更生的基础上光复旧物的决心，有自立于世界民族之林的能力。"这种气概、决心和能力，源自于中华儿女对祖国大好河山的深深眷恋，对祖国人民的深情挚爱。

1949年，新中国成立以后，爱国主要表现为献身于社会主义现代化建设的事业。在这个时期，涌现出了许多新时期的爱国典范，如"导弹之父"钱学森、"铁人"王进喜、"党的好干部"焦裕禄、"人民的好公仆"孔繁森以及杨善洲、罗阳……还有许许多多的无名英雄，他们在建设社会主义祖国的伟大实践中贡献着自己的全部力量甚至是生命。

无论是在"我们万众一心，冒着敌人的炮火前进"的革命岁月，还是人民群众踊跃参与建设和改革的火热年代，爱国情感始终根植于祖国的土地之中，始终流淌于中华民族的血脉之中。在漫长的历史发展过程中，爱国主义将中华民族紧密地团结在一起，是动员和凝聚全民族为振兴中华而奋斗的强大精神力量。这种情感和信念始终不渝、历久弥新，构成我们国家和民族发展的共同背景和底色。

2. 爱国要对我们的基本国情有正确的认知

爱国作为一种情感的积淀与表达，建立在对祖国理性认知的基础之上。这种理性认知，对于当前的中国来讲，就是要正确认识我国的基本国情。

九、爱国：位卑未敢忘忧国

　　改革开放30多年来，我国经济持续快速增长，总量跃居世界第二位；民生得到显著改善，人均国民收入2013年达到6767美元，实现了从低收入国家向中等偏上收入国家的跨越，总体达到小康水平；就业规模持续扩大，社会保障全面推进，数亿人口告别贫困；工业化进程不断推进，由落后的农业大国成长为世界制造业大国，新兴产业蓬勃发展；现代交通运输设施从无到有，高速公路里程约10万公里居世界第二，高铁里程突破1万公里，居世界第一；教育、医疗、卫生、文化事业成果显著……

 资料链接

1979年到2012年中国与世界经济增速对比

我国国内生产总值年均增长9.8%

同期世界经济增长2.8%

我国经济总量占世界份额

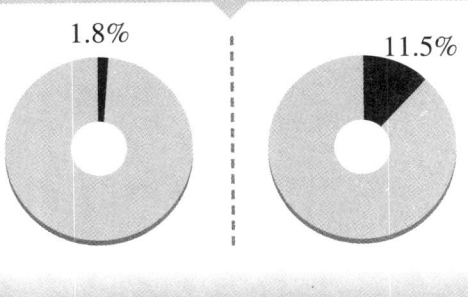

1978年　　　　2012年

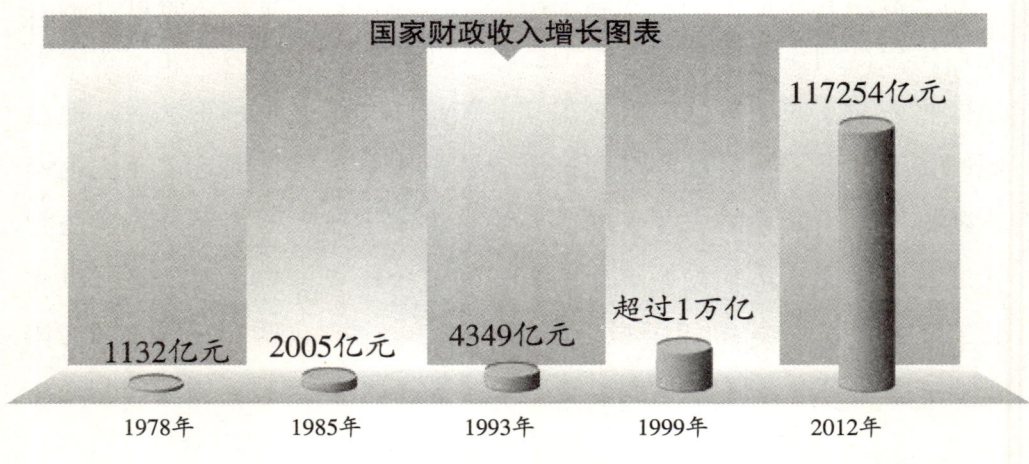

2012年比1978年增长103倍，年均增长14.6%

也许宏观数据会让人产生距离感。以通讯技术和设备发展为例：20世纪80年代，电话尚未进入祖国的家庭消费。90年代初期，电话作为生活的奢侈品，才开始进入百姓家庭并逐渐得以普及。1987年中国首次出现手机。20世纪90年代初时手机有三个"三"：一部手机三万元、重量达三斤、交钱后要等三个月才能拿到。2012年，手机普及率达到80%以上，几乎所有成年人都有手机。手机的质量也不断提升，由简单的通话工具很快发展到了3G、4G的智能时代。这些发展成就，活生生地摆在我们每一个人面前，正日益改变、改善着我们的生活。

不可否认，巨大的成就背后，还存在一些突出矛盾和问题。

人口多、底子薄、生产力水平低仍然是目前我国的基本国情。人均国内生产总值仍排在世界第90位左右，经济发展中不平衡、不协调、不可持续问题仍然突出，居民收入分配差距仍然较大，自主创新能力不足，农业基础薄弱，影响社会和谐稳定的矛盾不少……这些都说明，我国仍处于并将长期处于社会主义初级阶段的基本国情没有变，人民日益增长的物质文化需求同落后的社会生产之间的这一社

九、爱国：位卑未敢忘忧国

会主要矛盾没有变，我国是世界上最大的发展中国家的国际地位没有变。

当前，我国正处于从计划经济到市场经济，从传统社会到现代社会，从农业社会向工业社会的深度转型时期。由于社会结构的转换、机制转轨和经济利益的调整，人们的思想感情、生活方式、行为方式以及价值观念都发生了全面而深刻的变革。这些变化，会直接或间接地通过社会心态的变化反映和表现出来。在这些变化中，求稳定、求发展、求富裕的主流社会心态占有主导地位，代表着社会发展进步的思想力量。同时，也呈现出大量社会心态失衡的现象，浮躁、焦虑、愤青、忽悠、老不信、炫官炫富、仇官仇富、弱势心理、不安全感、暴戾、冷漠等一些不良社会心态也以各种各样的方式表现出来。

对待当前国家的发展形势，我们要客观地看。

社会本身就不是一个冰清玉洁的透明体、纯净体，它是一个混合体，它包容万物，既有阳光的一面，也有阴暗的一面。理想化地去看问题，极端地片面地去认识处理问题都不是唯物主义的态度，都是不正确的。我们既不能夜郎自大，自我满足，也不能妄自菲薄，看不到前途。

近几年，随着互联网技术的普及与发展，越来越多的人们在网上发声，评判时事，发表意见。应当说，这对反映民意、集中民智、监督社会、服务发展等方面有着积极的意义。但是，在意见的表达中，有一种现象必须引起社会的关注，就是有些文章在评价形势时采用选择性眼镜，只盯住存在的问题，刻意放大负面影响；有些跟帖以偏概全，全面否定社会发展成就，甚至失去理性，攻击、谩骂党和政府。一些社会责任心弱化的传统媒体，为了吸引眼球扩大其社会影响，也往往热衷于报道负面新闻，不厌其烦，不厌其详，给公众造成

了很大的错觉。

客观地说，我们的国家幅员辽阔，人口众多，肯定每天都会有一些负面的事件在一些地方发生，或腐败问题，或安全生产问题，或民生问题，或公平正义问题等等。这些事件的发生对于任何一个国家、地区来说都是不可避免的。如果在一个地方的媒体上，或者在一个影响广泛的传播平台上，把全国的负面信息集中起来，连篇累牍地重复报道和渲染，新闻的叠加效应就会让人民群众感到社会一片灰暗，丧失信心。与此相对等的是，全国范围内欣欣向荣的发展局面、积极推进的全面改革进程等等，在一个地方的媒体上却做不到集中客观地宣传。再比如惩治腐败问题，中央和地方反腐的决心很大，力度也很大，查处了一大批"苍蝇"，也打了一批"老虎"，广大民众拍手称快。如果我们不负责任地只报道每天产生了多少腐败官员和腐败分子的犯罪细节，老百姓看到的都是负面新闻，肯定会造成中国"昏官当道"的印象。我们不否认在某些领域、某些地区存在着腐败问题，有的甚至很严重，但对腐败问题的惩处，同时也说明了党和国家肌体代谢功能的正常。换一个角度看问题，相比较中国700万的公务员队伍来讲，腐败分子毕竟是少数。大多数公职人员还是勤勤恳恳、任劳任怨、尽职尽责的。

在国际方面，面对中国的发展也有各种声音。比如，随着中国自身实力的不断壮大和在世界范围内影响力的日益增强，一些国外媒体和学者，"唱多"中国，提出了诸如"中国拯救世界"、"世界经济领袖"、"G2"（中国和美国是世界两个超级大国）、"Chimerica"（中美国）等说法和概念。同时，也有一些学者和政客，极力"唱空"中国，提出"中国崩溃论"、"中国威胁论"。在这些声音面前，我们应该保持头脑清醒，既不能被"捧杀"，也不要被"棒杀",应保持客观、理性。

看中国的事情,一定要有一个宏观的把握,抓住一些问题来否定整体的巨大进步是不可取的。有些人试图用以偏概全的方式来否定中国所取得的成就,把局部的问题无限夸大进而否定中国的发展道路,这是不客观不明智的。张维为教授认为:中国的人口是美国的4倍多,如果美国是个正常国家的话,那么中国的问题即使比美国多4倍恐怕也是正常的。事实上,美国的问题并不比中国少,美国监狱里的人数比中国还多。他还说,我们国家东部发达板块(主要指沿海发达地区)相当于30多个中等欧洲国家之和,人口和美国差不多,这么大范围内所取得的任何成绩,都足以对国内其他地区产生示范效应,对整个世界产生震撼效应。

美国颇有影响力的皮尤研究中心多年来一直对世界主要国家进行民意测验,了解公众对自己国家现状的满意程度。2005年对17个国家的调查发现,72%的中国人对自己国家的现状表示满意,在17个国家中拔得头筹。相比之下,美国人的满意度是39%,法国人是29%。2008年的调查结果显示,86%的中国人对自己国家的发展方向感到满意,美国人满意的比例是23%(金融危机影响)。2010年的调查发现,中国人还是排名第一,87%的中国人对自己国家基本满意,美国人表示满意的只有30%。

对待当前国家的发展形势,我们要辩证地看。

改革开放的总设计师邓小平有两个著名的辩证法的观点:一是发展起来以后的问题不比发展时少;二是解决发展起来以后的问题比解决发展起来的问题还困难。

人类社会总是在矛盾的产生和解决中不断进步。老的矛盾解决了,新的问题又产生了,这是一个难以回避的客观事实和规律。比方说过去我们的交通主要靠自行车，现在私家车已经逐渐成为代步工具。私家车的增多，改善了人们的出行条件，提高了人们的生活质量，同时也带来了交通的拥挤，造成了汽车尾气大量排放的污染。这些新问题的出现，往往是始料不及的，解决起来又是很困难的，是需要一定时间的。

经济发展越快，社会变化越剧烈，新的问题就来得越快，表现得就越突出。经过近40年的改革，我们取得了巨大的成就，也积累了不少问题，社会进入了一个新的发展平台。改革进入了深水区，矛盾进入多发期、突发期。转型时期，人口、资源、环境、效率和公平等社会矛盾和问题表现得较为突出。针对这些问题和矛盾，我们国家正在开展卓有成效的工作，比方说我们改革单纯以GDP高低论英雄的考核办法，加强生态环境保护与治理，留出可持续发展的空间；比方说我们开始主动下调经济增长目标，重点放在调整经济结构、转变经济发展方式，保持经济的平稳运行；比方说我们加强服务型政府建设，推行简政放权，精简机构，转变政府职能；比方说我们大力改善民生，发展养老和健康服务业，推行大病医疗保险试点，加大城市棚户区的改造力度等等。这些措施，就是坚持用发展和改革的办法，标本兼治，统筹施策，不断解决前进中的种种矛盾与问题。

对待当前国家的发展形势，我们要发展地看。

发展地看，就是既要看到问题、看到变化，更要面向未来，充满战胜困难和问题的信心。

当前，社会上存在很多与人民群众切身利益相关的问题：比如就业问题、收入分配问题、社会公正问题、住房问题、社会保障问题、食品药品安全问题、安全生产问题、生态环境问题等等。这些问题都是在发展中出现的问题，也要在发展中加以解决。应当看到，党和政府对当前的社会热点问题有着清醒而深刻的认识,党的十八届三中全会通过的《中共中央关于全面深化改革若干重大问题的决定》,就是为从根本上解决这些问题,实现公平正义和人民福祉发出的动员令和任务书。

　　发展中的问题,只有在发展中加以解决。比如,收入差距问题。目前,城乡之间、不同地区之间、不同阶层之间的收入差距确实拉得比较大,有的甚至还比较严重。造成收入差距扩大的原因是多方面的,既有历史、自然条件等方面的原因,也有体制、管理等方面的原因。从性质上看,我国居民收入分配方面存在的问题,是共同富裕道路上的差距,前进中的问题,成长过程中的"烦恼"。为解决收入差距问题,党中央、国务院已经采取了一系列措施。为缩小城乡收入差距,加大了对"三农"的支持力度,近5年中央财政"三农"支出4.47万亿元;为解决低收入困难群体的生产生活问题,建立了城乡最低生活保障制度,实行最低工资制度,并不断提高最低工资标准,全国近3年年均增长21.8%;为调节过高收入,加大了个人所得税的征收力度,并提高了个税的起征点,从2008年的1600元提高到2011年的3500元……在多方面的努力下,我国基尼系数已经呈现出回落态势。

知识链接

基尼系数：基尼系数（Gini Coefficient）是用于判断收入分配公平程度的指标，由意大利经济学家基尼于1922年提出。其数值在0和1之间，越接近0就表明收入分配越趋向平等，越接近1就表明收入分配越趋向不平等。按照国际一般标准，基尼系数在0.3-0.4之间比较合理，0.4-0.6之间表示收入差距较大，当基尼系数达到0.6时，则表示收入悬殊。从各国经济的发展历程来看，高基尼系数是经济高速发展过程中的常见现象，是市场有效配置资源的自然结果。

在我国，由于历史形成的城乡二元结构的原因，城乡居民收入差距较大，导致基尼系数相对偏高。有人将城乡分开统计，基尼系数则较低，但这一计算方法在学术界存有争议。

全面、理性、科学地认识当前我国的基本国情，正确地判断发展变革的形势，才能坚定对中国特色社会主义道路、理论体系、制度的自觉认同和高度自信；才能树立健康的价值观，端正人生态度，找准自己在社会中的坐标位置；才能以积极、乐观、向上的姿态设计生活，振奋精神，勇于担当，投身全面建成小康社会的实践，实现自己的报国之志。

3. 爱国既要分享成果，又要包容担当

改革开放30余年，我们取得了长足的发展，成就巨大。这些成就的取得，是广大人民群众在党的领导下共同努力奋斗的结果。人民群众是发展的主体，也应该是发展最大的受益者。共享改革发展成果，

九、爱国：位卑未敢忘忧国

实现人民安居乐业，把国家和人民的命运更紧密地结合在一起，更能激发起人们投身现代化建设的爱国热忱。

爱国需要自信。道路关乎党的命脉，关乎国家前途、民族命运、人民幸福。改革开放30多年来，我们党高举中国特色社会主义伟大旗帜，在人民群众的伟大实践中开创了中国特色社会主义的新路。无论从中国历史发展的纵向比较，还是从世界发展格局的横向比较，中国特色社会主义所取得的巨大成就，充分证明了中国特色社会主义道路的正确性、中国特色社会主义理论体系的科学性、中国特色社会主义制度的优越性。我们对自己选择的道路、创造的理论、设计的制度要保持坚定的自信。

爱国需要包容。当前，我们正处于改革的深水区和攻坚期。不同利益的调整与博弈，自然带来不同诉求的表达，不同价值观念也必然产生碰撞交锋。在这一过程中，社会欣赏理性平和的讨论，期待闻过则喜的态度。要避免在讨论中容不下异见，用意气之争代替真理追求；避免以"诽谤定罪"对待他人批评建言，甚至以权力意志压制不同声音。我们要在包容的基础上，形成共识，凝聚力量，一心一意谋发展，聚精会神搞建设。

在处理国际问题上也需要包容。既充满民族自信又善于虚心学习，既注意保持民族传统精华，又能以开阔的胸怀吸收外来先进的思想和文化。不因别人的评价和他国的价值观受干扰，不卑不亢地以平常心看待世界，从容应对各种挑战，冷静处置突发事件，在不伤及国家核心利益的前提下保持"和而不同"的理性精神，与邻为善，以邻为伴，优化国家发展的外部环境。

爱国需要担当。"积人成国，国人一体，强弱存亡，责任在己。"国运的兴衰浮沉，影响个体的安危荣辱。"皮之不存，毛将焉附"。在国家发展、民族复兴进程中，个人命运必须与祖国命运紧密相连，个人发展必定与民族发展融为一体。爱国，不是一句空泛的政治口号。在日常生活当中，爱国之心、忧国之情、报国之志、效国之行体现得很具体，比方说爱岗敬业、诚实劳动为国家的富强做出自己的贡献，比方说遵守法纪、维护国家建设的良好秩序，比方说积极参军服役担当保卫国家的职责，比方说诚信经营、照章纳税、自觉履行公民的应尽义务等。只有维护国家的稳定和统一，我们才能有安定有序的生活，只有推动国家经济社会的健康发展，我们才能建成美好的家园，只有维护国家的独立与主权完整，我们才能过有尊严的生活。

> 我荣幸地从中华民族一员的资格，而成为世界公民。我是中国人民的儿子。我深情地爱着我的祖国和人民。
> ——邓小平

当前，我们正面临着全面深化改革的大考验。全面深化改革，是党中央在综合考量国内外发展格局后，基于对社会主义初级阶段基本国情的正确把握，基于对我国面临的战略机遇期的新特点，审时度势，做出的切合中国实际的战略决策。改革是由问题倒逼而产生，改革是在与危机赛跑。改革不是可改不改，而是早改早主动，不改就被动，僵化就会陷于绝境。全面深化改革政策的推出，表明了中央领导集体浓厚的忧患意识、清醒的治国理政思路和敢于作为、主动作为的责任担当。我们要加深对改革艰巨性、复杂性、紧迫性的认识，自觉地提升素养与境界，敢于担当，主动作为，做全面深化改革的坚定支持者、积极参与者。

4. 爱国蕴含在理性的行动中

爱国的表现形式多种多样，从表现性质上看可以分为两种：一种是非理性的爱国，另一种是理性爱国。非理性爱国在表达自己的爱国之情时，有时候可能会以一种狂热、激进甚至极端的行为方式，逾越法律和秩序的界限；理性爱国虽然表现形式不一定张扬，但非常坚定和持久，能客观理智地对待纷争与矛盾，坚决维护国家核心利益。我们不能让爱国的激情冲昏头脑，扰乱我们报国的心志，冲击我们报国的行动。我们需要的是理性爱国。我们要做理性的爱国主义者，而不是极端的民粹主义者。

爱国需要理性的选择。当前，我们最大的爱国理性就是坚持走中国特色社会主义道路。党领导人民开辟的中国特色社会主义道路，是符合中国国情、创造人民美好生活的必由之路，是一条通向中华民族伟大复兴之路。党的十八大提出，既不走封闭僵化的老路，也不走改旗易帜的邪路，坚定地走中国特色社会主义道路，就是为了避免在方向性问题上犯颠覆性错误，避免造成重大的无可挽回的悲剧。

爱国需要理性的表达。在钓鱼岛事件发生后，不少地方的群众尤其是青年人自发走上街头，抗议日本政府非法"购岛"行径，表达了中国人民的正义立场和爱国精神，形成了维护主权、捍卫领土的强大声势。但是，

> 祖国如有难，汝应作先锋。
> ——陈毅

也有个别地方发生了非理性的过激行为，甚至出现了打砸抢烧等违法行为。表面看砸毁的是日系车、涉日店，实际上损毁的是自己同胞的

合法财产。看似"同仇敌忾"的讨伐，实是丧失理智的冲动。

爱国需要理性地应对各种问题。经过30多年的改革开放，中国已经融入了世界发展的大潮。开放的世界，给中国提供了巨大的舞台；发展的中国，也给世界带来了崭新的活力。面对中国的迅速成长，我们听到了真诚的祝福，也看到了出于各种目的削弱中国、遏制中国的企图。这就是为什么中国的发展，总会遭遇这样那样的"曲折"，面临这样那样的"指责"。一些西方媒体的狂妄与偏见，根源也在此。这一切告诉我们，在今后很长时间我们都将面对这样一个问题：作为一个大国，我们必须学会承受各种压力，善于在压力甚至是打压之下，更好地选择坚强，更好地推进发展。

在机遇和挑战并存的前进道路上，在改革发展的关键时期，在错综复杂的国际环境中，我们每走一步，都可能碰到这样那样的困难，都需要坚定这样一种决心：集中力量发展自己，让中国更加强大！我们要紧紧抓住科学发展这个第一要务，把握好国家发展的战略机遇期，树立和保持责任意识、忧患意识、脚踏实地、自力更生、埋头苦干。不管世界如何风云变幻，我们都要更加坚定地推进改革开放，坚定地走中国特色社会主义道路；不管遇到怎样的艰难困扰，我们都要广泛汲取人类文明的有益营养，更加坚定地走向世界。加快发展，壮大自己，是我们对各种挑战和挑衅真正有力的回击。

"今天是你的生日，我的中国。愿你永远没有忧虑，永远宁静。今天是你的生日，我的中国。愿你逆风起飞，雨中获得收获。"这首歌饱含着我们深深的爱国之情，抒发了我们对祖国发自内心的祝福。爱国，要求我们用文明理性展现中国形象，通过正当途径表达主权诉求，以团结奋斗提升国家力量。

九、爱国：位卑未敢忘忧国

思考与实践

1. 为什么说爱国是每个民族最高情感的表达？
2. 怎样理解爱国需要包容与担当？
3. 作为青少年，你认为应该如何表达自己的爱国情感呢？

十、敬业：利人利己的职业操守

"如果你是一滴水，你是否滋润了一寸土地？如果你是一线阳光，你是否照亮了一分黑暗？如果你是一颗粮食，你是否哺育了有用的生命？如果你是一颗最小的螺丝钉，你是否永远守在你生活的岗位上？"这是雷锋的一段话，说明了一个很直白却很深刻的道理，我们每一个人都需要爱岗敬业，发出自己的光和热。

敬业既是个人生存、发展的需要，也是社会进步的需要。敬业要求我们用一种严肃、认真、负责的态度对待自己的工作和学习，忠于职守，尽职尽责。敬业需要饱满的工作热情，踏实肯干的扎实作风，勤勉的工作态度，强烈的责任感和一定的奉献精神。敬业要求勇于探索，积极进取，树立精品意识，创造一流业绩。

1. 敬业是一种积极的谋生态度

近代思想家梁启超在《敬业与乐业》的文章中写道："业有什么好敬的呢？"他讲了两点：第一，人不仅是为了生活而工作，也是为了劳动而生活；劳动、做事就是生命的一部分。第二，无论何种职业都是神圣的。在当代社会，人们为什么要敬业？因为国家的发展与社会的进步，个人作为的大小与价值的实现，都有赖于此。尤其是个人，在社会上生存发展需要必要的空间环境和必要的展示平台。职业，是个人赖以生存和发展的基础性环境和展示自身价值的平台，敬业是一个人从事职业的态度和在社会上谋生的操守。敬业的受益者可能是国家，也可能是集体，但天道酬勤，最大的受益者肯定是敬业者自己。

敬业是生存的需要。工作代表一个人的生存权利，体现一个人的社会价值。失去工作，就失去了获得报酬的途径，就无法换取衣食住行等生活中所需的商品，维持最基本的生活。这种生活状况，就无法进行社会交往，参与社会活动，当然更谈不上发展什么事业了。中国有句老话叫"由小看大"，看的其实就是一个人做事的态度和方法。从一个人对工作的态度上基本可以预测出他的人生走向及未来发展。个别大事做不来，小事又不做，一屋不扫，还想着扫天下的人，多半志大才疏，不可能拥有成功的人生，甚至连生存都会很艰难。随着社会发展，生存竞争将日益激烈，缺乏职业精神和职业素养者，必将被激烈竞争的社会所淘汰而"下岗"。现在的职场很流行一句话"今天工作不努力，明天努力找工作"。敬业态度、职业精神是社会发展的需要，是职场竞争的需要，更是自己生存的需要。

敬业是事业成功与否的关键。通过工作，我们不仅能赚到养家糊口的薪水，还能得到锻炼自己各方面能力的机会。"业精于勤，而荒于嬉。"敬业者为了胜任工作，他们调动自己的聪明才智，补基础、查资料、练技术、攻难关，为学而做，做中求学，在学识上不断积累，在业务上不断进步，在完成本职工作的同时，也获得了充分展示自己的机会，从而水到渠成，赢得事业的成功。

敬业体现了一种人生态度，体现了人生追求的一种境界。有一句广告语说得好："思想有多远，我们就能走多远，梦想有多大，舞台就有多大。"敬业不仅是一个人职业素养和个人素质的体现，更是一种人生态度的选择和人生智慧的体现。在现实生活中，每个人的大部分时间是和工作联系在一起的，一旦放弃了对职业的责任，就背弃了对自己所负使命的忠诚和信守，就背弃了对社会、对人生、对未来所树立的理想和做出的承诺。一个对自己的人生都不愿诚实对待的人，他的未来也一定是令人担忧的。只有那些在工作中爱岗敬业、完美履职的人，才会被赋予更多的使命，才能赢得更多的荣誉。正因为如此，人的生命的意义往往不是以岁月来计算的，而是以事业来计算的。在人类历史中，在人的一生中，能够保留下来并被人们所记忆的，大都是某某人做过什么事情，取得了什么样的成果。人做的事情越多，成果越丰硕，他的生命内涵就越丰富。

金牌工人——许振超

在过去，我们讲谋生，可能仅限于维持生路、谋求生计，这是受限于过去时代的背景及物质条件的匮乏。随着时代进步、社会发展，谋生也被赋予了新的内涵，它已不仅是人们满足基本生存的手段，更是对人生的设计和规划，对于立德、立言、立功的价值追求。一个人要在社会上安身立命需要敬业，要想有所作为需要敬业，要想成就一

十、敬业：利人利己的职业操守

番事业更需要敬业。有人说过："一个人热爱生活，积极工作，生活才会垂青于你，工作才会回馈于你。"敬业精神的强弱，敬业水准的高低，直接决定个人的作为大小。热爱我们的工作，尊重我们谋生的职业，不仅是对生活的热爱，对社会责任的担当，更是自己人生智慧的体现。

2. 敬业要体现在日常的工作中

如果我们把社会比作一台机器，那么我们每一个人就是组成机器的零部件。机器的运转离不开每一个零部件的密切配合。即使是一个小小的螺丝钉、螺丝帽，虽然不起眼，作用有限，但也是不可或缺的。工作也是如此，无论是怎样的岗位，怎样的工作，都是社会的分工，既然选择了就要尽到自己的责任，做出应有的贡献。热爱自己的岗位，敬重自己所从事的职业，即使岗位平凡工作繁琐，也能因敬业做出不平凡的业绩。

敬业体现在对岗位的坚守中。随着社会现代化程度的不断提高，社会分工日益精细，各行各业都要有人去干。就一个城市来说，没有市长是不行的；同样，没有人去扫地、清除垃圾也是不行的。因此，社会的运转离不开每个岗位，只有忠于职守，坚守岗位，发挥"螺丝钉"精神，才能实现社会和谐有序的运转，国家才能不断向前发展和进步。

"索道医生"邓前堆28年来不顾生命危险，靠一套滑轮，一根绳子，依靠距怒江江面30米高100多米长的溜索来往于自己的村庄和拉马底村，为百姓送医送药，风雨无阻。20多年来，他累计出诊5000多次，步行约60万公里，诊治患者13万余人次，未出现一起医疗事故和医患纠纷。邓前堆几十年如一日地坚守在自己的岗位上,忠于职守,默默奉献,用艰辛付出换来了百姓的健康,用艰险的溜索行医诠释了一个普通乡村医生的理想与信念,在平凡的岗位上写就了让人尊敬的人生履历。

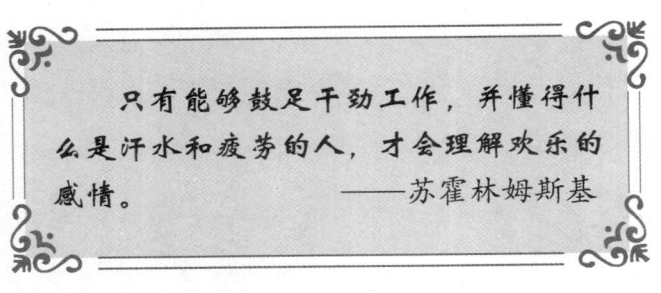

只有能够鼓足干劲工作,并懂得什么是汗水和疲劳的人,才会理解欢乐的感情。
——苏霍林姆斯基

烈日炎炎下指挥交通的交警,风雪中站岗的哨兵,天不亮就辛勤打扫的清洁工……他们都是默默坚守在自己工作岗位上的普通劳动者。没有惊天动地的豪言壮语,只有在漫长的坚持中无怨无悔的付出,只有在孤独的坚守中默默无闻的奉献。事情有大有小,扎扎实实做事的态度没有大小。只要具有这样的职业精神,再平凡的工作都会呈现出不平凡的意义。

敬业体现在脚踏实地的工作中。革命先行者李大钊有句名言:"凡事都要脚踏实地去做,不弛于空想,不骛于虚声,而惟以求真的态度做踏实的工夫。以此态度求学,则真理可明,以此态度做事,则功业可就。"人的精力是有限的,形式上顾虑得多了,抓实质问题的时间就少了;面子上想得多了,解决实际困难的动力就少了。一切从实际出发,不图虚名、不务虚功,才能真正用心想事、用心谋事、用心干事、用心成事。

著名的发明家爱迪生就是在实践中求真知、在实干中求成绩的典范。如果他只是躺在被窝里构想一个个发明,而不是脚踏实地在实验室亲自实践,没有持之以恒的韧性和执著,不在上千次的实验中做排除法,他又怎能发明白炽灯及其一系列创造性产品,成为伟大的发明

十、敬业：利人利己的职业操守

家呢？意识转变为行动才能真正起到作用。一切办法，只有在实干当中才能找到；一切问题，只有在实干当中才能解决；一切机遇，只有在实干当中才能抓住。

敬业体现在日常工作的细节中。全国劳动模范李素丽，当公交车售票员时，爱岗敬业，热心服务。她遇到人生地不熟的乘客，从来不跟他们说"东西南北"，而是用"前后左右"指路；遇到堵车，她就拿出报纸、杂志给乘客看，以缓解他们焦急的心情；看到有人晕车或不舒服想吐，她都会及时地送上一个塑料袋；遇到不小心碰伤的乘客，她赶紧从特意准备的小药箱里拿出常备的"创可贴"；姑娘们夏天穿着长裙上下车，她忘不了提醒她们往上拎一拎，以免被后面的人踩上摔跟头……正是这些工作中的小细节为乘客带来了温馨和感动，使李素丽在千万名乘务员中脱颖而出，成为同行中的佼佼者。

古人说得好："泰山不拒细壤，故能成其高；江河不择细流，故能就其深。"在我们身边，想把事情做好的人很多，但是愿意把工作做细的人却不多。在职场流行着这样一句话，"细节决定成败。"把细节做好，第一靠态度，第二靠能力，也就是我们讲的敬业，包括职业精神、职业素养。

敬业并不需要我们一定要做出一番惊天动地的事业。在日常的工作中，一个微笑，一句提醒，一个小小的细节都可能使我们的工作更加完善。我们需要的是改变心浮气躁、浅尝辄止的坏习惯，真真正正地扑下身子，踏实工作，把大事做实，把小事做细。

故事链接

1961年4月12日，前苏联宇航员加加林乘坐"东方1号"航天飞船进入太空遨游了89分钟，成为世界上第一位进入太空的宇航员。他为什么能够从20多名宇航员中脱颖而出呢?"东方1号"的总设计师罗廖夫在接受记者采访时对于这个问题的回答,令当时的人们感到十分意外:"其实当时被选送来的航天员的各方面素质都很优秀,而且彼此之间的差距又微乎其微,这对我们来说实在是一个难题。不过当时的选拔过程中,我总感觉航天员们的表现有些美中不足,但是究竟是哪里出现了问题我自己也不太清楚。直到加加林进入飞船的那一刻,我才清晰地意识到其他航天员的不足之处。"说这话的时候,罗廖夫仍然掩饰不住心中的激动,他顿了顿接着说:"加加林在进入航天飞船之前,他轻轻地脱下了自己的鞋子,只穿着袜子进入了座舱。就是这个在很多人看来微不足道的举动一下子打动了我,因为我从他的这一举动中看出了他平时追求完美的习惯,而且还感受到了他对航天飞船的无比珍爱。要知道,他对航天飞船的珍爱实际上就是对我们这些设计人员的尊敬,同时也是对航天事业的热爱。在后来的技能测试和知识问答中加加林的表现同样完美,所以最终我们决定让加加林执行人类首次太空飞行的神圣使命。"

3. 敬业要树立精品意识

精品意识就是在工作中追求完美的自我要求,是较高层次的职业素养,是崇高的责任心在思想意识里的固化。

凡事预则立,不预则废。军事上讲,不打无准备之仗。要打胜仗,前期侦察和战略战术安排很重要,目标确立和战术执行同样重要。而要做到这一切,必须在决策上慎之又慎、精益求精,在执行上坚决果断、不打折扣。"法乎其上,则得其中;法乎其中,则得其下",是说尽管在工作中标准要求很高,然而受各种因素的影响,最后的结果也未必尽如人意。所以，树立精品意识，是做好本职工作必须具备的，不是强人所难的过高要求。其实，精品已经成为现代社会条件下一种普泛的工作标准、工作要求。如果我们对待职业只图交差了事，只要"差不多"、"过得去"就行，对待自己低要求，怕吃苦，怕受累，不愿意去下工夫费力气，我们就会在职场竞争中缺乏主动性、创造性，成为随时都会被别人替代的一般品或者残次品。

在全球经济一体化进程不断加快的今天，社会分工越来越精细，各行各业都在追求管理与生产的专业化、技术化。很多人在不断地学习，不断地积累，力图掌握该领域最前沿的知识、最丰富的经验、最适用最熟练的技术，使自己成为工作的行家里手，这是做好工作的明智选择。

有一个关于女大学生营业员的真实故事。女大学生毕业后在一家银行网点担任营业员。营业员的基本工作是操作性的，这与一个高中生相比并没有多大优势。但是她并没有因此而懈怠，始终坚持不断地学习、钻研业务。一天，一位客户由于急等取钱交房贷，需要提前支取一笔较大的定期存款，而这将会使客户损失一笔不小的利息。她问清了客户还贷方式后，结合相关政策，设计了一套更合理的交款方法，解决了这位客户的燃眉之急。那位客户是一家报社的总编辑，事后感慨颇多，就写了篇谈敬业的随笔，其中引用了这个例子。银行领导看到报纸的文章后，趁势而为，以这位女大学生为主组建了理财工作室，为她的事业发展创造了更大的空间。实际上，这名营业员在接待客户时只是展现出了更为专业的服务，而专业服务的背后蕴含的是她的敬业态度，是她的精品意识。

精品意识，体现的是一种拼搏进取的精神和追求卓越完美的品格。精品不是一朝一夕就能完成的，需要反反复复的打磨与推敲，需

要呕心沥血的思考与探索，需要付出大量的汗水和心血。京剧艺术大师梅兰芳的一双眼睛，在舞台上眉目传情，顾盼生辉，让人难忘。为了让眼神亮起来，眼睛近视的梅兰芳想了很多办法，其中之一就是每天早晨一个一个地放飞鸽子，然后让眼光追随着鸽影上上下下，锻炼眼力。打造精品需要永不自满的拼搏精神，需要不知疲倦的进取精神，需要打破传统思维、敢于超越前人、大胆创新的魄力。当代杰出工人的代表许振超，被称为金牌工人。他爱岗敬业，干一行、爱一行，钻一行、精一行，从一名只读了初中的码头装卸司机，成长为"工人技术专家"，创造了"振超效率"，震动了中国乃至世界航运界，靠的就是敬业的态度、精品的意识和刻苦的实践探索。

精品意识需要更高的工作能力来支撑。人们常说，没有金刚钻，别揽瓷器活。如何能有"金刚钻"？"工欲善其事，必先利其器"，办法只有一个，就是必须勤学苦练，掌握本领。1923年，美国福特公司的一台大型电机出了故障。专家们前来寻找故障设法维修，但几个月过去了仍一筹莫展。最后只好请来了科学家斯坦敏茨。斯坦敏茨忙碌了两昼夜后，在电机旁画了一道线，让工程师打开电机，把他画线处的线圈减少16匝。这个办法果然使电机恢复正常。斯坦敏茨因此向福特公司要1万美元的酬金。有人认为画一条线要1万美金纯属敲竹杠，斯坦敏茨对此说道："粉笔画一条线，值1美元。知道在哪里画线，值9999美元。"这个事例说明，仅仅有精品意识还不够，精湛的技术和技能是出精品的能力保证。

在工作中出精品，在创造性劳动中实现自己的价值，就要做工作中的"有心人"。要刻苦钻研本职工作所需要的知识和技能，善于将理论知识运用到实践中，总结工作经验，创新工作方式方法，提高工作效率。精品意识的确立其实是一种衡量利益大小的内心运算过程。

十、敬业：利人利己的职业操守

既然我们已经付出了90%的努力，完成了绝大部分的工作量，再增加一点努力就能创造出精品的业绩又为什么不呢？有的人往往缺少的就是一点点责任、一点点精心、一点点决心、一点点恒心、一点点创新，而错过了机遇的大门，失去了事业的辉煌。

 思考与实践

1. 如何理解"今天工作不努力，明天努力找工作"这句话？
2. 你了解什么是职业精神吗？谈谈你对精品意识的理解。

十一、诚信：经营中的人生智慧

每一个人，在世间都有自己的生活方式，都在追求自己的人生辉煌，实现自己的人生价值。追求的过程，实际上就是一个经营的过程。从个人到群体，经营人生、经营社会、管理国家，都离不开基本的经营理念。

世间万物，必有其基。石为地之基，地为万物之基，而诚信乃社会之基。纵观古今，诚信向来是文明社会的基本准则，是经营这个大范畴中的人生智慧。

1. 诚是社会交往的一把密钥

诚，由"言"和"成"两部分构成。言，意为语言、观念，引申为文化意识、主观认识、人的思维；成，即成功、成就，引申为客观存在、客观真理、客观规律。诚，即真情、实在，从字面意义来讲，就是说话成事，要真诚实在，做到既不自欺，也不欺人。

古今中外，立德先于为人。诚实守信是一个人在社会上的立身之本，是社会交往的密钥。对于诚，我国传统文化中早有定论：孔子

十一、诚信：经营中的人生智慧

曾在《论语·为政》中说道："人而无信，不知其可也。"在《中庸》里，诚则是一个最高范畴，是"天之道"，是天赋予人的本性和道理。至诚的人不仅自己取得成就，而且自觉及于万物，行与他人。唐代的李翱，把"诚"视为"人之性"；北宋的大思想家周敦颐，把"诚"看作"人之本"；普通的老百姓，更是把天行四时、地育万物当作"诚之源"。

诚，是人际交往的基本条件。人是群居动物，只有结成一定的社会关系，才能从事物质生产和社会生活。任何一个人，无论能力多强，都不可能离群而居，必须依托一定的社会关系才能生存、发展。正如语言是人们进行信息交流的中介，货币是物质交换的中介，诚实就是取得他人信任、进行有效社会交往的中介。投入种子，才会生出根芽；植下树木，才会长出枝叶。只有以诚为介，才会建立起平等交流、相互信任的平台，形成良性的社会关系，为人们带来交流、理解、信任和帮助。

诚，是待人处事的法宝。"诚者，天之道也；思诚者，人之道也。"孟子认为诚既是天道本体的范畴，也是做人的诀窍。有一个小故事，讲的是一个在法国学习财会专业的女留学生，刚到法国就发现乘坐地铁时购票完全靠自觉，期间没有人查票，偶尔的抽查，范围也很小。她大致地计算了一下，如果不购票，被查到的概率为万分之三。于是，她便自以为聪明地开始了偷偷摸摸的逃票"旅程"。两年很快就过去了，她以优秀的成绩拿到硕士研究生毕业证书。然而，在她满怀信心到各个大公司去求职的时候，却遇到了一样的对待，先是热情接待表示欢迎，然后是让回去三天之后等待消息，最后的结果都是态度冷漠地予以拒绝。女留学生不明就里，赶到招聘公司询问原因，得到的答复是"在社会征信系统中，两年的时间内有三次逃票被查的记录，所以拒聘"。女留学生很不服气，一是认为这本身是小事，不值得计较，二是强调了各种原因，比方说忘记了带钱。公司主管人员的话却彻底打消了她的侥幸心理："如果第一次是无意的，可以原谅，但是以后的两次就是故意的，是不可原谅的。查到了你三次逃票，按照概率推算，说明你有很多次这样的行为。即使按照三次计算，三次逃票票值虽然很少，但它告诉我们你不真诚，而且具有发现管理漏洞并利用管理漏洞谋取利益的故意。所以，你这样的人，业务再优秀，我们也是不能用的，因为你越优秀，我们的风险越大。"

诚，是社会和谐的润滑剂。可以说，离开诚，谈和谐，无异于缘木求鱼。人与人之间如果不能以诚相待，话总是说半句留半句；或是互相猜疑，互相防范，嘴上抹蜜，心里藏刀，我们的社会交往就会冷气彻骨，社会如何能够和谐呢？

曾轰动一时的华南虎存在真伪事件，源于有网友指出，"照片上的华南虎原型是一张年画。"面对网友质疑，"拍虎英雄"周正龙放话："照片若有假，把我头砍掉！"一张珍稀野生华南虎照片，引发了一场人们"以头担保"的争辩，华南虎照片真假之辨于是演变成一出愈演愈烈的闹剧。这

场闹剧引发的诚信危机，成为社会灾难。媒体不相信当事人，当事人不相信专家，专家不相信地方政府和相关职能部门，而政府及相关职能部门也并不相信权威的科研机构……甚至连国际虎类保护机构也开

始对中国的华南虎报道的真实性以及相关科研持怀疑态度。信任危机像雪球一样越滚越大，形成恶性循环。社会诚信危机已经远远猛于华南虎。

真诚，是社会交往的一把秘钥。在现实社会中，大凡成功人士，都是能够深刻领悟其中真义的明白人。雷锋、焦裕禄、孔繁森、郭明义、朱彦夫、杨善洲以及各地好人榜上成千上万的人，他们都有一个共同的特点，就是无论对人还是对事，都真心诚意，并在此基础上拓展延伸，诚实守信，真诚爱人，忠诚报国。在具体的生活中，如果我们留心观察，就会发现有的人情商很高，朋友很多，大家都愿意与他交往，这样的人其实并没有什么秘密武器，最根本的往往就是他们能够做到与人交往坦诚相待，用真心换真心。与这样的人交往，心灵不用设防，大家都很愉快。交流自然顺畅，合作成功的机会就会增大。

近些年来，随着市场经济逐利原则的负面影响，人们发现"失信"似乎成了生活的常态。社会上有人做好事，不信，认为是作秀；遇到困难了有人帮助你，不信，认为有企图。与此同时，不讲真话、弄虚作假，谎言欺诈则屡见不鲜；假文凭、假证件、假发票、考试作弊、伪劣商品、虚假广告、假球黑哨、假医假药等等，不一而足。互信的缺失，使我们的戒备心增强，对陌生人总是习惯留个心眼儿，对各种商品、各种服务疑虑重重。生活逼迫我们要无奈地成为各种"专家"：要学会验证农药与化肥的真假；得掰开月饼学会辨认月饼馅是否隔年；去修车必须确定修车铺子会不会以次充好……而这一切，都源于社会对"诚"字的认识与理解出现了问题。

无数的实践证明，一个人诚实有信，自然得道多助，能获得大家的尊重和帮助；反之，如果贪图一时的安逸或小便宜，机关算尽，却往往聪明反被聪明误，一时一地得到了"实惠"，但为了这点实惠有可能毁掉的是自己的声誉甚至生命。犹如那个老喊"狼来了"的孩子，由于自己的不诚而被狼吃掉，有些头上曾经带有炫目光环的官员、专家、学者，最终也是由于自己的虚假行为而落了个身败名裂的结局。

2. 人无信不立、国无信不昌

信，即守承诺、讲信用。它是一个会意字，由"人"与"言"组成。人与言并立，意即人要言行一致，言必行，行必果，一言既出，驷马难追。

"人无信不立，国无信不昌。"诚实守信是安身立命之本，更是一个国家兴旺发达之基。秦时，商鞅立木取信于民；南北朝时，孟信卖牛以信立商德；唐代魏征以诚信为"国之大纲"；明清时，晋商以信商贾天下……自古以来，以信取人，以信兴业，以信举政，不仅是伦理的概念，更是人际关系和谐、经济社会秩序良性运行和国家兴旺的体现。

对个人来讲，信用是一张无形的通行证。在市场经济日益发达的今天，追求经济价值，追求利益并无过错。但如果过分强调经济利益而无视道德、忽略诚信，最终可能得到了金钱，却丢失了良心、丧失了人格、丢失了亲情和友情，甚至会因违犯法律而丢了自由。"言而无信，行之不远。"从古至今，没有一项事业能够建立在无诚不信的沙滩之上。随着社会的发展，各种制度不断完善，依靠诚信而获得成功会越来越普遍，不讲诚信而付出的代价会越来越沉重，这是社会发展的必然趋势。

目前，国务院颁布了《征信业管理条例》。最高法院发布了《关于公布失信被执行人名单信息的若干规定》。中央文明办、公安部、最高法院等8部门还共同签署了《"构建诚信、惩戒失信"合作备忘录》，加大对"老赖"的惩治力度。"老赖"等失信者被禁止乘坐飞机、列车软卧；限制在金融机构贷款或办理信用卡；不得担任企业的法定代表人、董事、监事、高级管理人员等。

"老赖"的信息还可以通过系统查询，其失信金额、失信时间、失信次数、失信年龄等等一览无余。一个失信的人，往往意味着人格的破产，稍有警惕心的人都会敬而远之。最具震慑效果的是，如果"老赖"违犯限制令而大肆消费，将被依法拘留、罚款；情节严重，构成犯罪的，还将承担刑事责任。

对于企业来说，讲信用、守信誉，就是维护企业的形象，树立企业的品牌，是企业兴旺发达的无形资产。市场经济是典型的信用经济和契约经济，讲信用是每一个合格的市场主体所必须遵循的最基本的道德规范和行为准则，是在竞争中立于不败之地的重要保证。一个企业，只有"诚信为本"、"童叟无欺"、"货真价实"才能赢得客户信赖，拓展市场空间；反之，如果为了追求利润而弄虚作假、不讲信用，可能得利于一时，却很难长久生存，甚至带来灭顶之灾。

"失足，你可以马上恢复站立；失信，你也许永难挽回。"能做大做强、久盛不衰的企业，有哪个不是恪守信誉的企业？在八十年代，温州皮鞋假冒伪劣的品质引起全国消费者的公愤，以致很多商场贴出"本店无温州鞋"的安民公告。1987年8月8日,在杭州武林广场,5000双温州劣质皮鞋被市民扔进熊熊大火。这把火烧醒了温州人的诚信意识,温州人花了20余年的时间去重拾温州皮鞋的尊严。曾经震惊全国的"三鹿奶粉"事件,不但以数万名儿童的生命和健康为代价,也使国内外消费者对我国的食品安全产生信任危机。深刻的教训告诉我们但凡能够在激烈市场竞争中、在复杂生活环境中取得成功的,不论是"海尔"这样的名牌企业,还是"油条哥"这样的小商小贩,无一不高度重视顾客的口碑,把诚信和信誉视为生命。

> 诚实是力量的一种象征,它显示着一个人的高度自重和内心的安全感与尊严感。
> ——艾琳·卡瑟

对于国家来讲,信用是执政之基,是固国之本。《论语》中子贡问孔子治理国家的原则,孔子回答:"足食、足兵、民信之矣。"子贡问如果去掉一个先去掉哪个?孔子说:"去兵",其次是"去食",将"民之信"留到最后,因为"民无信不立"。孔子的"足信"告诉我们,在治理国家这样的大事方面,即使失去"兵"、"粮",也没有失"信"于民可怕。

取信于民是治国理政,安民兴邦的重要前提。一个国家、一届政府,缺乏民众的基本信任和支持,何谈国家的兴旺与发展呢?近年来,政府信用危机席卷西方各国,酿成了欧洲政坛的政治风暴。以德国2010年为例,政府面临着选民对政治的怀疑、欧元危机、金融市场危机以及德国总统突然辞职,让选民无所适从;其次政府财政捉襟见肘,无法兑现上台时承诺的医改和税改。德国媒体在2010年公布的民调显示,只有20%的德国民众对政府表示满意,58%的被访者认为前

十一、诚信：经营中的人生智慧

政府要好于现政府。德国总理默克尔本人的支持率也降到了在任期间的最低点。与此同时，受欧债危机的影响，许多欧元区国家民众对政府应对措施产生怀疑。政府公信力的不足，最终酿成了爱尔兰、葡萄牙、希腊、意大利、西班牙等欧洲国家的政坛大换血。

当下，信用危机的蔓延，也影响到了我们政府的公信力和国家形象。《人民日报》曾经刊文指出，目前社会公信力下降导致的信任危机，以政府、专家等最为严重。当前，一些百姓不相信政府的表态，不相信社会组织的承诺，不相信媒体的宣传，不相信商家的推介，不相信专家权威的说教，不相信药品的疗效等。信用缺失还使我国经济秩序遭到一定程度的破坏，甚至影响我国的国际竞争力，损害了国家声誉。据统计，在国际贸易中我国现汇交易达到80%，信用交易方式仅占20%左右。现汇的结算方式严重阻碍了贸易的扩大和企业的发展，也使我国企业的竞争力大大减弱。另外，改革开放初期，由于我国一些企业和个人制假贩假，使得一些国家的消费者对我国生产的商品心存疑虑，进而予以抵制，影响了我国的对外贸易，损害了我国的国际形象。深刻的教训再次告诫我们：国无信不昌。在全社会倡导诚实守信、建立健全社会信用制度，是执政兴邦的需要，是建立社会主义市场经济秩序、促进市场公平竞争的基础，也是提高国内外市场融合度的必然要求。

3. 把诚信提升到人生智慧的高度来养成

"不能撒谎"、"要说话算数"……这些与诚信相关的告诫，是我们家庭、学校教育的第一课，也是我们踏入社会的必修课。古往今来，岁月川流不息，沧海或变桑田，而诚信却始终是传统社会与现代社会一脉相承的价值观念。

诚信是千百年来人生经验的结晶。对一个政府而言，讲诚信才能政令畅通，取信于民。如果朝令夕改，出尔反尔，就会有令不行，有禁不止，丧失民心；对一个社会而言，有诚信才能和谐发展。社会缺失了诚信，将会陷入尔虞我诈，勾心斗角，人人自危的境地，就无法保障发展进步；对一个人而言，讲诚信是做人的基本准则，一个不讲诚信的人，不仅会造成自身道德的缺失，更会造成众叛亲离。因此，诚信需要我们用心去经营，并把它上升到人生智慧的高度，经营人生、经营社会乃至管理国家。

诚信是千古不变的人生信条。一个人或许能力有大有小，但拥有诚信，就是一个明白人，就可以把诚信当资本行走天下。德国哲学家康德曾讲过："诚信比一切智谋更好，而且它是智谋的基本条件。"不讲诚信的人是暂时的"聪明"者，最终的吃亏者；而讲诚信的人是一时的"糊涂"者，长远的"获利"者。可能有人会反驳道，古往今来，不知有多少人不讲诚信，却都似乎活得很自在。孔子曾经说过这样一句话，他说："人之生也直，罔之生也幸而免。"那些不正直的、不守信用的人只是"幸而免"，侥幸逃脱了本应该受到的责罚而已，迟早要摔跟头的。

诚实守信，是学问，更是智慧。华人首富李嘉诚曾经说过："缺乏诚信的人，永远只是小角色。"从一个出身寒门的穷小子到亚洲首富，李嘉诚事业成功的秘密其实很简单，就是用真诚和信用为根基。在谈到自己的孩子的时候，李嘉诚说：即使现在他们长大成人了，也应该是三分之二教他们如何做人，三分之一教他们如何做生意。比起生意，处理人与人之间的关系更重要。要学会给予，学会诚实守信，对朋友讲信义。生意是靠跟人合作的，步入世间的人每一个都是很精明的，要学会怎样与别人交流、沟通，做受欢迎的人。世界经济全球化日益明显，牵一发而动全局，金融风暴经常发生，需时刻提防，信义是最重要的。信义二字是与人交往的准则，遵守信义的人可以受益终生。

诚信的养成需要坚定的信念和坚定的执行力。讲诚信是理念，守信用是担当。在社会交往日益紧密和复杂的今天，我们会碰到各种各样的人，形形色色的事。这就要求我们能够自觉抵制纸醉金迷的诱惑，不为名利所动、不为权欲所惑。在社会的大熔炉中始终诚实守信，将其内化为自己的人生信条、信念修养，才能进一步外化为自己的实际行动。

诚信的养成关键是自觉践行。"小信诚，大信立。"诚信的养成需要从大处着眼，从小处入手。勿以善小而不为，勿以恶小而为之，去小恶而从善，积小善成大德。当我们不小心碰倒别人之时，不选择逃逸，主动扶起受害者，取得对方最大的谅解，勇敢地承担起应负之责，这是诚信；当我们承诺别人一件事情，因为不可抗拒的原因而无法做到之时，及时和对方沟通，而不是选择关机或闪人，这也是一种诚信。其实只要你有一颗向善的心，怀有一颗正直的心，那么诚信就会无时不在，无处不在。如果社会中每一个人都以诚信为准则经营自己的生活、工作，我们的社会就会凝聚起强大的正能量，就能洗涤邪念恶行，收获美满和谐。

思考与实践

1. 为什么说诚信是重要的社会资本？
2. 你是如何理解"人无信不立，国无信不昌"这句话的？

十二、友善：赠人玫瑰　手有余香

友善，是中华民族的传统美德。在五千年的文明史上，孔融让梨的典故千古流传，六尺巷的故事世人称颂。"礼之用，和为贵"，"积善之家，必有余庆"……这一个个故事和一句句名言无不体现着友善的力量，见证着人性的光芒。

友善就是要待人谦和，包容他人，给人以温暖，给人以关爱，这是做人的基本要求。这需要我们每一个人要涵养友善之心，从身边点点滴滴小事做起，予人关爱，给人温暖。

1. 涵养友善之心

友善从字面上来理解，友就是友好；善就是善心、善言、善行。先有善心，才有善言、善行。友善的行为是我们内在的友爱和善理念的外化。因此，做到友善，首先需要提升自身的道德修养，涵养友善之心。正如毛泽东在致徐特立的信中所说："你心里想的，就是口里说的与手里做的。"

如何能做到友善呢？那就是形成仁爱之心，并以此作为友善的

十二、友善：赠人玫瑰　手有余香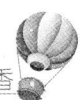

内在根基。"友"之本义为朋友，在甲骨文中，"友"字的写法就如向同一个方向伸出的两只手，表示以手相助。"善"之本义是吉祥的象征。友善意指要像对待朋友那样善良地对待每一个人。这就要求人们内心有爱，只有内心有爱，才能真诚地给人提供帮助，带给他人吉祥。因此，友善的动力来自于内心的仁爱。"仁者爱人"，只有自己内心有仁爱之心，才能够把这种爱传递给他人。友善是爱心的外化，只有宅心仁厚，才能关爱他人，尊重他人，平等对待每个人，不苛求于人，不强加于人，进而有助于人。

　　涵养友善之心首先需要将心比心。古人说"爱人者人恒爱之，敬人者人恒敬之"，这里讲的是友善、爱敬在现实中互为因果。人在社会中会遇到很多情况，在应对的时候要学会多角度的思考，特别要学会换位思考。一件事，发生在别人身上，想想你遭遇到同样的情况，你会怎么想，你会怎么做，这样你就能够理解他人，从而减少你对他人的误解，化解很多矛盾。《重庆晚报》曾刊登过一条新闻：一位老奶奶也许是走累了，并且没发现司机就在车里，于是把身子倚靠在路边的一辆车上休息。司机发现后并没有急着发动车子或做任何提醒，而是一直默默地等着老奶奶休息完起身离开。总有一天我们都会老去，我们也会像这位老奶奶一样，除了手上的拐杖，更需要他人一个"友善"的心灵拐杖。

　　涵养友善之心需要有包容别人的胸襟和气度。人在社会中交往，吃亏、被误解、受委屈的事总是不可避免的。面对这些，最明智的

选择是学会善意的宽容。《周易》中说，"地势坤，君子以厚德载物。"宽容是良好的心理品质，它不仅包含着理解和原谅，更显示着气度和胸襟、坚强和力量。量小失友，度大聚朋。有了宽阔的胸襟、宽宏的度量，才能赢得朋友的信任，增进团结，密切友谊。

人无完人，对人宽容就是对己宽容，善待别人就是善待自己。生活中，经常有这样一种现象：两个关系很好的人，有时为了一件琐碎的小事，由于缺乏理解和包容就会结怨，从此形同陌路。或许我们每一个人，都会犯同样的毛病，别人扶了你一把，也许你很快就忘记了；别人踩了你一脚，也许你就记在心中。人性的一个很大的弱点，就是像手电筒一样，总喜欢关注别人的缺点和错误，越看越觉得这个人满身的缺点，越看这个人越觉得不可理喻，于是耿耿于怀，形成成见。而别人恰恰如同一面镜子，我们对他凝眉瞪眼，镜子反射回来的也是瞪眼凝眉。

拥有一颗友善之心，更容易有一个健康的身体。美国加利福尼亚大学伯克利分校的一项研究表明，经常发怒、对他人不友善的人，其健康出现问题的几率要比普通人高。研究人员对患有心血管疾病的男人和患有心脏病的绝经妇女进行了跟踪调查，发现经常发怒，或心情长期处于不友善的状态，会提高死亡的风险，更提高了其第二次心脏病发作的概率。研究人员认为这是因为经常发怒，或总是对他人不友善，会加速体内激素大量排放，影响免疫系统，从而导致健康问题。

友善是心理养生不可缺少的高级营养素。心存善意，就会以他人之乐为乐，乐于扶贫助困，心中就常有欣慰之感；心存善意，就会

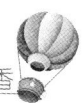

十二、友善：赠人玫瑰 手有余香

与人为善，乐于友好相处，心中常有愉悦之情；心存善意就会光明磊落，乐于对人敞开心扉，心中常有轻松之感。

爱默生说："人生最美丽的补偿之一，就是人们真诚地帮助别人之后，同时也帮助了自己。"以友善之心待人，别人必以友善回馈。心若计较，处处都有怨言；心若放宽，时时都是祥和。世间不如意十之八九，能对你百依百顺的人，能让你事事如意的事毕竟很少。若是斤斤计较，恐没有一人一事会让你完全满意。心宽一寸，路宽一丈，讲的就是包容、友善能够带来的结果。

2. 友善之言三冬暖

"与人善言，暖于布帛；伤人以言，深于矛戟。"语言是人与人沟通的媒介，不同的话语有着明显不同的沟通效果。健康的语言文雅朴实、优美动听，它有促进团结、激励人奋进、改善人与人之间关系的积极作用。粗野污秽的语言则令人讨厌，甚至会败坏社会风气，腐蚀人们灵魂。"良言一句三冬暖，恶语伤人六月寒"，讲的就是这个道理。

随着人们活动范围的扩大，传统的以血缘关系为主的社会关系逐渐淡化，我们需要更多地与陌生人交流、相处。在由熟人社会向陌生人社会转变的过程中，人们普遍缺乏安全感，自我保护意识过强。现实生活中，很多人已经习惯了"不和陌生人说话"，习惯了邻里之间的冷漠无语，习惯了用沉默来阻止善意的释放。友善其实很简单，一句"你好"就能让邻里由陌生变熟悉，一句"谢谢"就能拉近彼此之间的距离，一句"对不起"就能缓和矛盾、平息怨气……

同样一种意思，换种说法，可能造成两种截然不同的效果。民间有一句含义深刻的俗语："一句话说得人笑，一句话说得人跳。"在现实生活中，我们常会碰到这类情况：一句诚实、有礼貌的语言，可止息一场不愉快的争吵；一句粗野污秽的话语，可导致一场轩然大波。比如同样是火车上列车乘务员检票，有的乘务员温柔地说："各位旅客请注意，列车乘务员将查验车票去向，请您配合，谢谢！"查验车票去向实质上是查逃票，换一种说法，却让人听上去顺耳多了。而有的乘务员吆喝着"查票了！查票了！都自觉把票拿出来了！没买票的抓紧补票！"生硬的措词则让人听而生厌。其实，无票乘车的人毕竟是少数，即使有个别逃票者，给他们补上或照章罚款就是了，也没必要恶言相向，随意打击一大片。

家庭内部也需要友善之言。一句温馨的问候、一个意外的惊喜，都能增进家人之间情感的交流、提升家庭成员的幸福感、推动家庭环境的改善。可是，现实中有很多人往往不经意间把笑脸送给了他人，却把冷漠的话语留给了自己最亲爱

要做一个在寒天送炭，在痛苦中送安慰的人。
——巴金

的人。对外人和颜悦色，对家人却恶语相向，结果往往是家人失和，相互影响心情。最近，网上流行一则小短文——"最让父母伤心的9句话"，分别为："好了好了，我知道了，真啰唆！""有事吗，没事？我挂电话了！""说了你也不懂，别问了！""说多少次不要你做，做又做不好！""你那一套早过时了！""叫你别收拾我房间，东西都找不到了！""我吃什么我知道，别给我夹！""说了别吃剩菜，怎么老不听！""我有分寸，别说了，烦不烦！"面对父母循循善诱的"爱的唠叨"，做子女的却不领情，不耐烦甚至公然顶撞。子

十二、友善：赠人玫瑰 手有余香

女也许意识不到有什么不妥，但视关爱为束缚的抗拒心态和出言不逊的无理顶撞，对父母来说，是一种莫名的伤害。

良言一句能让人产生积极、向善的正能量，而恶语所产生的负面情绪很可能毁掉一个人的人生。有一个刑期中的囚犯，在服劳役修路时，捡到1000元钱，他立即把钱交给监管警察。意想不到的是，对方却满脸鄙夷地对他说："拿自己的钱变着花样来讨好，企图找资本减刑吧？你少来这一套！"囚犯心灰意冷，心想这世上没人相信自己了。晚上，他越狱了。在逃跑途中，他登上开往边境的火车。火车太挤，他只得站在厕所门口。此时，有位十分漂亮的姑娘如厕，关门时发现门扣坏了，她很有礼貌地对他说："先生，你能为我把门吗？"他一愣，看到姑娘那纯洁无邪的脸，他庄重地点了点头。他像一位忠诚的卫士，把守着门。就因为姑娘这句话，他突然改变了主意。在下一站，他下车到派出所投案自首。一句粗暴的话语，差点让一颗良知尚存的心灵彻底毁灭；而一句充满信赖的话语，又使一个正在沉沦的灵魂得到拯救。

善言有助于改善社会风气。随着社会竞争越来越激烈，人们的生活压力也将逐渐增大，社会公众普遍变得比过去更加焦躁，人们在行为上也出现了比过去更加冲动的倾向。在现实中一句话成为导火索，让事件从交流转向矛盾，甚至升级为纠纷、案件的事例比比皆是。比如因为一场争吵，就有人摔死了两岁的孩子；因为邻里口角，就制造了连环杀人案……暴戾之气不是一天形成的，而是日常生活中很多不友善的习惯积累起来的。如果在争吵的过程中有人保持谦让，何至于酿成血案？如果邻里在纠纷中都能少说一句，何至于出现以后的悲剧？善言在增进公民情感良性交流、汇集社会凝聚力方面具有独特作用，是消除社会冷漠现象、化解社会暴戾之气的有效载体。

3. 点点滴滴做善行

弘扬友善，需要我们从生活的点滴做起，聚沙成塔，集腋成裘，用实际行动来传递正能量。我们要做友善的践行者，常修善德、常怀善念、常做善举。

"只要人人都献出一点爱，世界将变成美好的人间。" "一个好汉三个帮，世界需要热心肠。"这样的道理谁人都懂。但是在实际生活中，我们会时不时地暴露出一些不如人意的缺点，也经常发现一些不和善的现象。比方说：随手从车窗往外丢垃圾；见到摔倒的老人冷漠绕行；水果洒落在地遭路人哄抢；小偷行窃无人阻止报警；因为一个座位，老人和年青人就互不相让，甚至大打出手；因为一次插队加塞，妇女和老人就冷眼相向，甚至谩骂争斗；因为一点触碰，旅客之间就你撕我扯，头破血流……更有让人心寒的"小悦悦事件"等等。这一切，追根溯源，无不可归纳为善的缺失。

善的缺失现象，并非我们社会存在的主流。客观地说，随着社会的发展、文明的进步，社会友善意识的普及性、自觉性较以往都有了很大程度的提高。最美女孩刁娜、最美女教师张丽萍、最美司机吴斌、当代雷锋郭明义……还有越来越多加入到志愿服务的队伍中、参与到社会慈善事业

当代雷锋——郭明义

十二、友善：赠人玫瑰 手有余香

中、用实际行动向社会传递爱的温暖与力量的人们，他们都是友善的弘扬者、践行者和传承者。他们，是一个庞大的群体，为我们的社会既增添了暖意，又增添了绿色。

"老吾老以及人之老，幼吾幼以及人之幼。"践行友善需要我们把别人的困难当成自己的困难，能够设身处地给予别人真诚的关怀，在他人困难时伸出一双援手。在广东省惠州市曾发生过一起交通事故，一名女子在事故中被卷入了轿车底下，后来十多位热心的过路市民不约而同地合力将轿车抬起，救出了被压在车下的女子。事发现场，行人们还非常及时地控制了一起爆炸事故的发生。还有一位好心女子在寒冷的天气下，脱下了身上的厚衣服给伤者盖在身上，自己却冻得直打寒颤。救护车来到之后，行人们又帮着把伤者及时送往医院抢救。救助的场景非常感人。

每个人在生活中都难免会遇到困难，自己解决不了了，就需要他人帮一把。只要人人从自己做起，乐于帮助他人，在你需帮助时，就会获得他人的帮助。有一个寓言故事深刻地揭示了这个道理：在地狱的餐厅，有一个很大的餐桌，周围坐满吃晚餐的人，桌上摆满了丰盛的晚宴。但是由于勺子太长，大家无法使用，便眼巴巴看着美味佳肴却不能吃，结果大家都饿着肚子。在天堂，同样的餐厅场景，同样丰盛的晚餐，同样长长的勺子，只是换了另一伙人，大家却都吃得很香甜。因为天堂的人都用自己手中的长勺给对面的人喂食物，这样大家配合默契，都吃到了食物，气氛非常温馨和谐。这个寓言告诉我们，善行是地狱和天堂的分离带。

善行要远离冷漠。友善的反面是冷漠。当代社会之所以出现了很多问题，与人们友善和恻隐之心的丧失有直接关系。有些人对别人的困难和不幸漠然置之，认为帮助他人毫无意义。甚至还有部分人心理阴暗，乐于窥视别人的不幸或以伤害他人为荣，经常把与他人争斗的快感作为谈资。这些心理，导致了少数人对他人的困难麻木不仁，在友善面前将自己置身事外，养成了情感上的冷漠症。

2014年2月15日，央视"践行核心价值观"栏目，讲述了摄像镜头记录下的两个感人故事：一是福州一辆载有十多人的行进当中的公交车，因司机突发脑梗失去控制，在马路上横冲直撞。一位路遇的公交车司机，见此情况，挺身而出，追赶了两三千米，强行打开车门，进行了停车制动，避免了一场更大的灾祸。二是江苏盐城市一对夫妻刚从银行取出的2万元现金，被一阵突然而至的狂风吹飞。在银行业务大厅里的十多位市民纷纷跑出来捡钱，几分钟内就帮助这对夫妇捡回了197张百元大钞。当看到失控的公交车横冲直撞，万元巨款被风吹散，我们会倒吸一口凉气。但见危险面前有人挺身而出，困难当中一群人热心相助，我们又会心生感激、呼出一口舒心的气息。这两个故事，正如央视主持人最后评论的那样：摄像镜头的无声记录，带给我们更多信心，本分善良的普通人，依然是我们生活的主角；敬业友善，依然是社会精神的主流。

善意的谎言

这是一个在互联网上和手机微信中广为流传的故事。

美国一个小镇上发生了一起银行抢劫案，抢劫犯没能抢到钱，却被保安困在银行里。他抓住一个五岁的小男孩，要求警方准备五十万美金和一辆车，否则开枪杀人。

谈判专家尼尔森赶到。谈判未果后，他只好尽量拖延时间，让狙击手各就各位。眼看绑匪就要撕票，狙击手扣动板机，绑匪应声倒地，

十二、友善：赠人玫瑰 手有余香

小男孩顿时给溅了一身血，吓得号啕大哭。尼尔森赶紧抱起小男孩。

此刻，外面的媒体蜂拥而至，却听尼尔森高呼一声："演习到此结束！"小男孩这才止住哭，问妈妈是不是真的。妈妈含着泪点头说是，一边的警员也上来安慰小男孩，说他表现得非常好，应该获得奖章。

第二天，镇上的媒体集体失声，对抢劫案只字不提，所有的人都心照不宣地选择保护小男孩的幼小心灵。

多年后，一个中年人找到了尼尔森，提起这件事，问他当初怎么会喊出这样一句话。尼尔森笑说："枪响的时候，我在想，这孩子可能一辈子都走不出这件事留下的心理阴影，但当我走近他的瞬间，突然有了一个想法，让我说出了演习结束这句话。"这时，来人紧紧拥抱着老尼尔森，半天才开口说："我整整被瞒了30年，前不久，妈妈才告诉我真相。谢谢，谢谢尼尔森叔叔，是你让我拥有了一个健康的人生。"尼尔森眨了眨眼，笑着说："你不用谢我，如果要谢，就谢那次欺骗过你的所有人吧！"

友善并不需要刻意的计划，友善就在日常生活中，就在举手投足间。"一毫之恶，劝人莫作；一毫之善，与人方便。"路人问路时热情地给予帮助；公共场合喧哗时考虑一下别人的感受；老弱病残孕不便时主动给让个座；雨雪天路遇摆小摊的老人时，尽量帮忙购买一些货品，好让他们早些回家；看到有人摔倒时，不是只拍个照发上微博就径直走开，而是走过去将人搀扶起来……这些看似细枝末节的生活场景中，无时无处不体现着友善的精神和力量。

"如果丢的垃圾里有碎玻璃、大头针、刀片等，请用胶带把它们缠裹一下，并尽量多缠几层。这样就降低了保洁人员或者捡垃圾者被伤害的概率。他们大都是没有医保的弱势群体。像体贴自己一样体贴体贴他们吧……"2011年，网友"艾瑶丫头"的一条微博触发万千网友的检讨。在短短两天时间内，转发量就超过14万次。众多网友和媒体纷纷呼吁文明丢垃圾。就是这样一条小小的善意提醒，一个被我们许多人忽略的细节，一个举手可得的善意，就能让许多的清洁工朋友的手不再受伤害。

"当你帮助同伴摆渡过河时，你自己也已经达到了幸福彼岸。"对人友善，被帮的人心怀感恩，帮人的人也心情愉悦，若人人如此，将渐渐形成互助的社会风气，使人人受益。

1. 你怎样理解"赠人玫瑰，手有余香"这句话？

2. 在生活中，你是否有过主动帮助他人的举动？谈谈帮助他人的感受和心得。

参考文献

1. 习近平：《中共中央关于全面深化改革若干重大问题的决定》，人民出版社2013年版。

2. 习近平等：《<中共中央关于全面深化改革若干重大问题的决定>辅导读本》，人民出版社2013年版。

3. 中共中央组织部党员教育中心：《兴国之魂——社会主义核心价值观五讲》，人民出版社2013年版。

4. 郭建宁：《社会主义核心价值观基本内容释义》，人民出版社2014年版。

5. 中共中央宣传部理论局：《"六个为什么"——对几个重大问题的回答》，学习出版社2013年版。

6. 国务院新闻办：《中国的法治建设》白皮书，2008年2月。

7. 曹平：《自由是社会活力之源》，《人民日报》2014年3月31日。

8. 甄言、晓刚：《美国媒体为何对"占领华尔街"失声失焦》，《北京日报》2011年10月11日。

9. 王香平：《十八大以来习近平同志关于依法治国的重要论述》，《瞭望》2014年3月31日。

10. 教育部中国特色社会主义理论体系研究中心：《用"中国梦"凝聚强大精神能量》，《人民日报》2013年1月10日。

11. 慎海雄：《坚定制度自信，不断革除体制机制弊端》，《新华每日电讯》2014年3月3日。

12. 《弘扬践行社会主义核心价值观（民主篇）》，《安阳日报》2014年2月12日。

13. 《弘扬践行社会主义核心价值观（和谐篇）》，《安阳日报》2014年2月12日。

14. 中国社会科学院中国特色社会主义理论体系研究中心：《人民当家做主是中国特色社会主义民主的本质和核心》，《人民日报》2010年4月8日。

15. 钟晓渝：《健全法律援助制度 维护社会公平正义》，《人民日报》2013年12月11日。

16. 苏超：《公正是照亮社会的阳光》，《人民日报》2014年4月8日。

17. 吴国平：《构建和谐社会：拉美的经验教训》，《南方》2005年第16期。

18. 《十七大报告辅导读本》，人民出版社2007年版。

19. 张真：《和谐诚为先》，《人民日报》2011年10月17日。

20. 李泓冰：《诚信男孩"震惊"了什么》，《人民日报》2012年11月6日。

21. 《诚信危机猛于虎 重开信任之门》，人民网2008年11月7日。

22. 王家宏：《李克强"让失信者寸步难行"给社会吹来诚信"暖风"》，人民网-中国共产党新闻网2014年1月17日。

23. 朱佩娴：《擦亮我们的诚信"名片"》，《人民日报》2014年

4月23日。

24. 马全和：《诚信也是大智慧》，《山西日报》2009年4月10日。

25. 李云纬：《李嘉诚：家和万事兴》，《青年文摘》2003第5期。

26. 《友善：必须着力倡导的社会主义核心价值观》，《安阳日报》2013年10月18日。

27. 饶文波：《勿忘"滴水之恩"》，太原文明网2014年4月14日。

28. 刘思明：《心存善良可提升抗病能力》，《北方新报》2010年12月22日。

29. 王寿仁：《良言入耳三冬暖》，《闽西日报》2006年5月6日。

30. 《失去信任》，《今晚报》2005年6月14日。

31. 江洋：《帮助他人就是帮助自己》，中国文明网2012年7月9日。

32. 王玉初：《做一个友善的人》，《吉林日报》2014年2月18日。

33. 贾合祥：《友善 依然是我们社会精神的主流》，晋城文明网2014年2月17日。

34. 萱萱：《善意的谎言》，《银川晚报》2013年10月28日。

35. 焦国成：《用友善互助提升社会幸福指数》，《北京日报》2014年1月24日。

36. 祁涛、王若虹：《敬业：社会主义职业道德的核心理念》，《安阳日报》2013年8月19日。

37. 婴宁：《工作，安身立命之本》，《丝路文苑》2010年3月31

日。

38. 王宇：《小故事悟人生》，中国纺织出版社2005年版。

39. 林培雄、王玉周：《坚决防止党和人民群众之间形成无形的墙——学习贯彻十八届中央纪委二次全会精神》，《人民日报》2013年2月4日。

40. 罗显荣：《做事要有精品意识》，《解放军报》2009年11月19日。

41. 卓凡：《敬业与精业》，《江西日报》2012年9月6日。

42. 关英彦：《爱国主义是中华民族精神的核心》，《人民日报》2009年7月11日。

43. 曲风：《社会主义核心价值观学习读本》，国家行政学院出版社2014年版。

44. 何振华：《把自己的事情办好》，《人民日报》2008年4月19日。

45. 中共中央宣传部理论局：《理性看 齐心办》，学习出版社、人民出版社2013年版。

46. 《印大选沦为肮脏游戏 选举委员会收缴毒品等物》，《参考消息》2014年4月17日。

47. 朱剑红：《35年，中国经济"一路向上"》，《人民日报》2013年11月21日。

48. 《观察者网一周图说：恐怖分子有多残酷，CNN们有多顽强》，观察者网2014年3月3日。

49. 李丹丹、邓琦：《发改委：将从5方面推行新型城镇化》，《新京报》2014年4月20日。

后 记

2013年12月，中共中央办公厅印发了《关于培育和践行社会主义核心价值观的意见》，明确提出推动社会主义核心价值观进学校、进课堂、进头脑。青少年是培育养成社会主义核心价值观的重点人群。为了抓好工作的落实，我们针对不同年龄段学生的接受能力，组织编写了《社会主义核心价值观普及读本》（小学版、初中版、高中版）。

中共山东省委常委、宣传部长孙守刚同志对读本的出版高度重视，对书稿的选题策划、编辑理念、内容修改提出了明确要求，并对书稿进行了认真的修改审定。省委讲师团团长迟云同志具体负责读本的组织编写工作和具体章节设置、统稿修改工作。省委讲师团亓胜林、刘佳、姜照辉、刘洁同志具体承担了相关章节的编写工作。

山东出版集团有限公司董事长、党委书记张丽生同志，明天出版社社长胡鹏同志，基于对践行社会主义核心价值观重要性的高度认知，对读本的出版给予了大力支持和帮助。责任编辑丁淑文、美术编辑赵孟利等为本书的出版付出了心智和劳动。我们表示衷心感谢。

在本书的编写过程中，我们还学习借鉴了一些专家学者的研究成果，恕不能一一告知，在此一并致谢。

由于编写时间紧、任务重，加之我们的能力有限，书中难免有粗疏和不足之处，恳请各位读者批评指正。

编　者

本书在编写过程中，得到了相关作者（著作权人）的大力支持，经征得他们的同意，引用了他们的一些文字材料，在此一并向他们表示衷心感谢！但在本书编写过程中，虽经多方查找，仍无法与部分文字材料的作者取得联系，这部分作者的稿酬我社已委托中国文字著作权协会代存、代转，请以下作者（著作权人）：萱萱、王宇、李丹丹、邓琦、曹平、中宣部理论局等（含笔名）见书后出具有效证明材料及时与该协会（电话：010-62500854、010-62500729）联系。因图书体例的要求以及少量文字材料未找到原作者，无法对所引用的文字材料一一署名，敬请谅解。